AF431575

CAOS Y TRANSFIGURACIÓN

Miguel Iradier

Índice

CAOS Y TRANSFIGURACIÓN

Miguel Iradier

Donde está el peligro está la salvación. Se exhibe una transparencia de la guerra que los pocos hacen a los muchos, de cómo defenderse y volver sus armas contra ellos usando los reflejos del dinero, la ingeniería del conocimiento y la economía del tiempo

Dos generaciones después

Los estudios de Robert Epstein indican que hoy Google puede cambiar el sentido del voto indeciso de un 20 a un 80 por ciento, dependiendo de los grupos demográficos, en las elecciones de cualquier país en que sea el buscador de referencia, lo que resulta ser la inmensa mayoría de los casos. La compañía ha negado enfáticamente estos cargos.

Gilad Atzmon daba en el clavo en una entrada reciente: tanto esfuerzo invertido en educación para la memoria del Holocausto tenía que cosechar finalmente sus frutos, hasta el punto en que la gente ya ha aprendido a reconocer a los nazis incluso sin necesidad de uniformes.

Y así, a pesar de nuestro gusto insuperable por los estereotipos, para identificarlos ya no necesitamos que lleven monóculo o tengan un acento alemán de película; nos basta con observar sus palabras y sus obras.

Salvo para los más implicados en la maquinaria de propaganda, era de esperar que semejante exceso de celo tuviera efectos contraproducentes. Tantas películas y series, tantos artículos históricos sobre el nazismo en diarios a los que tan poco les importa la historia, sin apenas darse cuenta iban describiendo un círculo que ya está a punto de cerrarse; o más bien describían, habida cuenta de que se cumplen ochenta años y dos generaciones del comienzo de la Segunda Guerra Mundial, dos semicírculos enlazados en dirección alterna.

Aunque sabemos que al nazismo lo derrotó ante todo el ejército rojo de campesinos y obreros, y no el gremio de los banqueros, en el relato de la Buena Guerra los grandes beneficiarios y santificados fueron por el contrario tres estados que hasta el día de hoy siguen conformando el tácito pacto tripartito del eje anglosionista, la más viva encarnación del imperio en nuestra era, y cuyos orígenes se remontan cuando menos al milenarismo puritano de la época de Cromwell y Mennaseh ben Israel, en que se dice que los intereses bancarios comenzaron a subir.

Por supuesto que el superimperialismo del dólar parecía hasta ahora una historia bastante diferente — visto al menos desde la perspectiva de los países más desarrollados, testigos de una colonización relativamente benigna y gradual. Nadie hoy cree votar al fascismo como tampoco en los años treinta creían hacerlo. No, nada es igual; y aun se ha hecho lo imposible por mostrarnos que se trata de todo lo contrario. Y sin embargo, ya a nadie le resulta difícil ver más allá de los disfraces. ¿Cómo se ha llegado al punto en que se ha hecho imposible disimular?

Habría que decir tal vez que para distinguir entre agresores y agredidos no hacen falta ejercicios de concienciación. Seguramente sí cuando el agredido es otro, y los medios de desinformación hacen su trabajo; pero no cuando el agredido es uno mismo. Y a pesar de todo, en un mundo donde los responsables nunca dan la cara, se ha podido desviar casi siempre la atención hacia otros agresores ficticios.

La verdad es que si de algo son maestros en el imperio del caos es de propaganda, de la lucha "por las mentes y los corazones". Pero ni la más consumada mendacidad puede cambiar indefinidamente los hechos, y el hecho es que Washington ha de dar la cara no sólo por su oligarquía, sino por la mayor parte de las indeseables oligarquías del planeta, lo que se cobra un alto coste en imagen.

Lo que te lleva primero al éxito es lo mismo que luego te destruye, tal es la Ley; y ya que esta gente es amante de la Ley y el Libro tendremos que apelar a ella. Se habla de la decadencia del Imperio pero lo cierto es que el Dólar sigue apreciándose frente a las otras monedas, y probablemente lo haga todavía durante un tiempo. El caos y el miedo invitan a buscar un sólido refugio, y el imperio del caos continuará patrocinándolo mientras esa tendencia le produzca un rédito inmediato.

Tendencia que no durará indefinidamente. Es factible que continúe hasta el fin del presente superciclo de deuda y la crisis presumida para este año o el 2020, e incluso mantenga cierto impulso más allá; pero no llegará viva a la crisis de mucho más calado que expertos de orientación muy diversa ya vislumbran para el 2025-2030, y que, por la mera acumulación de problemas no resueltos, supondría el verdadero cataclismo de las instituciones.

Las oligarquías del mundo son expertas en desviar la atención, y los Estados Unidos en atraerla. Siendo los segundos valedores de las primeras, y las primeras valedoras de los segundos, la situación podría tornarse más que complicada. El matón global podría convertirse en el payaso de las bofetadas; circunstancia aparentemente absurda que sin embargo ya se insinúa incluso ahora.

El poder y la presencia norteamericana en el mundo y sus instituciones es sencillamente apabullante, de hecho muy superior a lo que advertimos, como muestra el caso citado de Google y otros igual de importantes pero más fuera de foco. Como a los peces el agua, el que no la notemos sólo nos habla de hasta qué punto nos informa. Al respecto se ha hablado de *full spectrum dominance*, de un dominio en todo el espectro, y de eso es de lo que se trata. Es casi imposible subestimar esta hegemonía, pero lo hacemos continuamente. Es casi imposible sobreestimarla, y también lo hacemos todo el tiempo.

Los Estados Unidos son la nación indispensable sólo en el sentido más coyuntural de la palabra. Es indispensable ahora para una oligarquía global bastante libre de compromisos, dispuesta en todo momento a mudar sus bases. El problema es que, justamente por ser el gran valedor de la oligarquía global, por fuerza tiene que convertirse en un estado odioso, y así es imposible mantener el prestigio de la marca.

Sin prestigio, que como todos sabemos significa engaño, el valor ficticio de las cotizaciones se hunde y los capitales buscan otros destinos más atractivos para sus burbujas. Ellos ya saben de sobra que su fuerza y su valor es sólo su posición de privilegio en el mercado, de ahí el vértigo y la torpeza de sus gestos para mantenerlo a cualquier precio.

Se trata de una espiral que se realimenta hasta que llegue a un punto de ruptura, y en el que el mero figurarse ese punto estrangula el haz de posibilidades. No es tan envidiable la posición actual de los Estados Unidos, que se comporta como el gran acreedor pero vive más que nadie del crédito. Hace de proxeneta y prostituta, mientras que, al otro lado del océano, la Gran Bretaña e Israel se reparten convenientemente los papeles.

Estados Unidos podría convertirse en un proyecto fallido y aún el capital global buscaría la forma de reciclarse —en gran medida- a través de la Gran Tela de Araña de la City londinense. Una salida puede resultar más "indispensable" que los portaaviones cuando de lo que se trata es de salvar el culo del capital, y en ese valor de reserva tan experimentado siguen cifrando sus esperanzas no pocos ingleses.

Finalmente está Israel y la comunidad judía en el mundo; y esto, y no los Estados Unidos ni Gran Bretaña, es lo verdaderamente indispensable en el relato alucinado que impera. Pues el verdadero Imperio no es la dominación territorial y extraterritorial que ya vamos conociendo, sino el relato que aun hoy nos parasita y que va marcando los tiempos camino del desastre.

El tiempo del relato lo marca la concentración del capital, que es lo que entendemos hoy como poder puro.

Sabido es que la distribución de riqueza y rentas sigue la ley del 80/20 también llamado "principio de los pocos indispensables": el 20 por ciento de la población posee el 80 de la riqueza, pero a su vez es la quinta parte de esa quinta parte la que tiene cuatro quintos de las cuatro quintas partes —y así sucesivamente, en una ley de potencias con invariancia de escala.

Esta ley de potencias conduce a la conocida estimación que dice que las 62 personas más ricas tienen más patrimonio que la mitad de la población mundial, los 3.700 de millones de pobres. Lo que capta menos la atención del lector es que la mera prolongación analítica de esa ley nos dice que la mayoría del poder de la oligarquía mundial está concentrada en unas pocas manos, aún muchas menos de las que creemos: casi toda la riqueza de esos 62 sería de 12, y casi toda la riqueza de esos doce sería sólo de 3 personas o a lo sumo 4 personas o familias. Esto, al menos, según unas frías matemáticas que han funcionado muy bien a lo largo de toda la escala. Se diría que, más que una poderosa tendencia, es el único resultado posible tal como están dispuestas las cosas.

En vano buscará uno los nombres de esas familias en la lista del *Forbes*. Se nos dice que las familias que dominaban las finanzas mundiales a principios del siglo XX han ido a menos y han pasado a un discreto segundo plano, pero sería del todo ridículo pensar que gente que se ha dedicado a la banca, el sector que crece más rápido con respecto a los demás, ha visto sus fortunas menguadas —pues todo lo que ocurre ahora, y de lo que tanto hablamos, es justamente por lo contrario.

Se aprecia entonces que la Oligarquía tiene una estructura autosimilar foliada o en hojas, con capas visibles bastante superficiales y un núcleo central masivo: desde siempre, tal es la complexión intrínseca a la plutocracia, que por su naturaleza y propio peso tiende a hundirse bajo el suelo como Plutón, dios de la riqueza subterránea. Lo que ha ido cambiando gradualmente con el tiempo es la escala de operaciones y unos límites espaciales y temporales que tienden ya manifiestamente a agotarse.

También se sigue de aquí que el Oligarca tiende a ser oligarca o "indispensable" para otros oligarcas más dispensables, lo que crea entre ellos una escala de subordinación, con una plutarquía o criptocracia en su núcleo que busca la sombra tanto como los brotes buscan el Sol. La verdadera Plutocracia no es entonces ni siquiera una clase social, pues su número no puede dar para tanto. A lo sumo es un grupúsculo o camarilla.

En ese núcleo duro de la oligarquía o verdadera Plutocracia se hallan los principales valedores de Israel. No hace falta recordar a quién iba dirigida la declaración Balfour, caso único en la historia de la creación de un estado. Era precisamente este exceso de prominencia de los más poderosos el que hacía más que recomendable una discreta desaparición.

La estructura recursiva o autosimilar, que se reproduce a diversas escalas, de la distribución de la riqueza con la desigualdad que implica se desharía demasiado fácilmente —sería demasiado inestable- si no tuviera un factor de cohesión adicional, una circulación selectiva de un flujo a lo largo del tiempo, que aquí sólo puede ser el del dinero y el interés asociado a la deuda. Puesto que la distribución de Pareto, o más generalmente las leyes de potencias, son independientes de la escala y tienen una amplia ocurrencia en todo tipo de fenómenos de la naturaleza y la sociedad humana, mucho es lo que se ha especulado sobre su origen, permaneciendo todavía la cuestión enteramente abierta.

Michael Hudson, el gran estudioso de los mecanismos de deuda de Babilonia a nuestros días, nota cómo "las cargas de deuda (1) añaden un coste improductivo a los precios (2) desinfla los mercados de poder adquisitivo (3) desalienta la inversión y el empleo en estos mercados y por tanto (4) presiona a la baja los salarios.

Aplicando una analogía con la ley constitutiva que rige para la resistencia de los materiales y la construcción, podemos hablar de presión y su recíproca tensión, así como de la deformación a que está sometida la estructura. Durante muchos siglos, como Hudson recuerda, fue algo ordinario la cancelación periódica de deudas por los soberanos como una forma de restablecer el orden social y evitar lo que de otro modo hubiera podido suponer el derrumbamiento de todo el edificio. Esto formaba parte del orden por lenta revolución en el seno de un tiempo cíclico.

Es de suponer que la acumulación de deuda en aquellos tiempos solía responder al crecimiento lineal del interés simple. Y es sin embargo a partir del siglo XVII, cuando adquiere impulso el interés compuesto, la revolución científica y los gobiernos parlamentarios, que la cancelación cíclica de deudas empieza a situarse fuera de cuestión. De hecho, y que nadie olvide esto, los prestamistas favorecieron a los gobiernos parlamentarios sobre las monarquías porque con ellos en caso de impago siempre encontraban cómo cobrarse en especie a costa de los bienes públicos.

Salta a la vista la estrecha vinculación y coexistencia del interés compuesto y la acelerada acumulación en todos los órdenes, desde la riqueza y la demografía al conocimiento científico y tecnológico. El interés compuesto, en sí mismo una tendencia temporal, es el gran acelerador de los tiempos, y con el aumento de sus expectativas se tiende a rehusar más fuertemente cualquier corrección cíclica de sus efectos. El interés compuesto es pues el fermento específico de la aceleración de los tiempos modernos y su ruptura definitiva con cualquier solución parcial por el bien de la estabilidad. De aquí y de ninguna otra parte emana el reconocido carácter revolucionario del capital en los tiempos modernos; pues está claro que la explotación y la mera búsqueda del beneficio habían existido desde muy antiguo.

En el antiguo edificio social la cancelación de deudas era justamente una restauración o reparación del orden que impedía su derrumbamiento. En el nuevo régimen de acumulación lo que se hacen cíclicas son las crisis, que se prefieren como forma de "disciplinar los mercados", aunque de forma harto selectiva puesto que no todos responden por igual. La renovación por las crisis en fases alternas de destrucción-reconstrucción sería más propia de sociedades y mercados altamente expansivos, marcados por el crecimiento acelerado.

El hecho de que el capitalismo expansivo se enfrente cada vez más a los límites del desarrollo por falta de mercados nuevos sólo puede aumentar gradualmente la presión ejercida sobre la estructura social y agudizar el carácter destructivo de las crisis. Se añade a esto el consenso de que ya se han agotado los márgenes de maniobra en la política económica interna que permite amortiguar o administrar los seísmos.

Si simplificando al máximo el principio de Ehret afirma que la vitalidad y la salud de un organismo es igual a su presión menos su obstrucción —ecuación que la moderna medicina no se ha molestado en verificar-, tal vez podamos extrapolar esta misma lógica elemental a la vitalidad y salud económica del organismo social equiparando, como no, la obstrucción con la deuda; puesto que esta obstrucción se traduce en un aumento de la tensión hasta llegar a un punto de ruptura.

También la fractura deja en su agrietamiento un sello recurrente o autosimilar, como la distribución de Pareto o de los pocos indispensables; en la literatura científica se ha tratado de explicar su aparición con el concepto de tolerancia altamente optimizada, que puede generar tales distribuciones mediante un diseño deliberado que optimice varias restricciones simultáneamente.

En el presente sistema todo está optimizado a expensas de la extracción de máximo valor o beneficio. Esto conlleva un alto grado de fragilidad sistémica, puesto que finalmente son las estructuras las que se han adaptado y especializado a un objetivo muy estrecho con independencia de todo lo demás.

En la bifurcación como en la fractura, la tolerancia altamente optimizada permite minimizar los daños externalizando los costes, vale decir, arrojando los escombros a la vía pública y desentendiéndose de ellos. Pero también permite maximizar la influencia usando aventajadamente la jerarquía y ramificación de este principio independiente de escala. Sólo la escala del planeta contiene y se enfrenta abiertamente a este principio, de ahí que, cada vez más, la geopolítica se muestre como el ámbito de emergencia en el que afloran los asuntos irresueltos de la estratificación social, o como el desbordamiento en el plano horizontal de presiones en vertical.

Físicos como B. Boghosian han hecho simulaciones de la distribución de Pareto estableciendo una analogía más o menos exacta entre las colisiones de moléculas y las transacciones monetarias. El resultado final conduce a una singularidad en que, salvo una fracción que tiende a esfumarse, la riqueza de toda la población termina reduciéndose a cero.

Cabe entonces preguntarse si este tipo de distribuciones son realmente "naturales" y si su perfil y su estabilidad depende o no de forma explícita de determinados parámetros de control. Y aunque este objeto de estudio permanece abierto y es muy controvertido se tiene la impresión de que los resultados de su investigación, que deberían suscitar el mayor interés, están completamente fuera de foco.

Modelos como el citado de Bogoshian confirmarían las cada vez más generalizadas sospechas de que nuestro sistema se comporta verdaderamente como un agujero negro, cuya succión es en última instancia indiscriminada aunque posee a lo largo del camino toda una rica estructura selectiva de mediaciones recurrentes en el que el pez grande se come al pequeño hasta el fin de la cadena. Al menos idealmente y haciendo caso omiso de las indeseables resistencias que siempre hay que vencer.

Sin embargo, no hace falta entrar en detalles técnicos para anticipar que, si existen parámetros de control en esta dinámica, han de estar directamente relacionados con los que generan la deuda, que son los que generan la carga, y por tanto la tensión, el vacío y la succión. El paso de la presión a la tensión, de lo lleno a lo vacío, puede ser extremadamente fluido, pero desde las instituciones centralizadas que dominan la banca se procuran regular a través del tipo de interés y el porcentaje de depósitos de los bancos privados que determinan su capacidad de creación de dinero.

En esta simplificada traducción biomecánica que me permito, bien puede decirse que el elemento parasitario está "más cerca de ti que tu vena yugular", pues no se trata de que esté cerca, sino dentro de cada uno de nosotros. Y efectivamente, todavía hoy, son pocos los que dan crédito a estas cosas.

Todo este mecanismo es tan escandaloso, que hasta los que mejor lo entienden han de procurar sacárselo de algún modo de la cabeza; o habría que decir más bien que son ellos los que necesitan sacárselo de dentro, porque a la persona promedio, a pesar de la omnipresente propaganda del darwinismo social, es difícil que le pueda nunca entrar. Pues lo que estamos diciendo, y que los medios vocean tan tranquilamente a diario, es que este mecanismo se procura modular desde arriba tanto como se puede modular.

Hay una narrativa horizontal que se estima conveniente para los "estados atómicos" del cuerpo social, léase individuos —la supuesta competencia darwinista de todos contra todos. Y hay una lógica vertical, mucho más concretamente estructurada, que piensa sin embargo en los "ecológicos" términos del marketing —en la explotación de nichos y ecosistemas. Así, existe una visión horizontal sin la menor profundidad intensamente publicitada para los muchos mientras hay una lógica vertical implacablemente administrada por los menos.

Michael Rothschild le dedica en su pionera obra *Bionomics* un breve capítulo al "Parasitismo y la explotación". Considera que en economía distinguir el bien del mal equivale a la cuestión de distinguir entre relaciones mutualistas y relaciones parasitarias. Los huéspedes, evidentemente, son víctimas. "La eliminación de la explotación en todas sus formas debería ser el objetivo principal de las leyes económicas de la sociedad... pero mantener las leyes al paso de una economía en rápida evolución no es fácil."

Palabras escritas en 1990; hoy día casi ni se sueña con embridar la economía con regulaciones nuevas. Las cosas ya son demasiado complicadas; antes que añadir leyes llenas de trampas, sería preferible proceder a desagregar funciones ilegítimamente unidas. Por lo demás, el organismo encargado de la extracción de valor casi tiene más sangre que el huésped, y cualquier intento quirúrgico de separarlos conlleva un alto riesgo de desangramiento.

Sólo los Estados Unidos parecen estar en condiciones de arruinar su propia hegemonía, pero vista la atracción invencible de Washington por las monumentales meteduras de pata, nada es hoy menos improbable. Cabe esperar la llegada a la Casa Blanca de otros presidentes con más respeto a la comunidad internacional, alguien con un perfil como Sanders, pero como ya se vio en su día con Obama casi todo se reduce a un lavado de imagen pública. La deriva imperial no se negocia y pesa mucho más que cualquier alternancia.

La proverbial torpeza política de Washington hasta ahora sólo encontraba parangón con la maestría de los norteamericanos para venderse como la Meca del desarrollo. Si la imagen del sueño americano basada en la permanente expansión del consumo se resquebraja, si quiebra su poder de adhesión, ya sólo le queda el uso de la coerción y de la fuerza, lo que a su vez termina de rematar su imagen internacional, lo que a su vez desinfla la apuesta del capital internacional por su centro neurálgico a pesar de que éste tampoco encuentra refugios mejores.

Es difícil que los Estados Unidos puedan escapar a esta dinámica, pues la expansión del consumo y el crédito se hace ya prácticamente imposible, además de por otros muchos factores, por poderosas razones demográficas. En esto no está sólo, pues otros países desarrollados ya han llegado antes a pirámides de población envejecidas; pero aún no se reconoce, como advierte Chris Hamilton, que desde 2007 tanto los nacimientos como la inmigración neta han caído bruscamente en Norteamérica. La próxima crisis, antes que de liquidez, será una crisis por saturación de deuda. También la pujanza yanqui es cosa del pasado.

Damos por supuesto que el plano de la geopolítica y la lucha entre potencias traduce en gran medida y a un cierto nivel horizontal una larvada guerra civil mundial que en la vertical es una guerra de clases, pero no sólo de clases y también de jerarquías. Al menos así es es como lo entienden, antes que nadie, los grandes centros de poder imperiales, el financiero, político, militar, tecnológico y de los medios; desde Wall Street al Pentágono, pasando por Washington, Hollywood o Silicon Valley.

Todo en Estados Unidos se ha convertido en una formidable máquina de guerra, sometida a la paradoja de tener que ser agresiva en extremo incluso para simplemente mantener sus posiciones. Esto responde a su sobredimensionamiento en todos los órdenes, lo que tarde o temprano tendría que resultar en una dolorosa implosión.

Lo realmente milagroso sería que la Gran Burbuja Americana no pinchara. Aun así, lo mismo que las oligarquías frente al resto del cuerpo social, puede contarse con que se intentará minimizar los daños exportándolos cuanto sea posible. De todos modos, y para volver a las palabras de Hamilton, la crisis mayor que se avecina no es tanto un huracán como una Edad de Hielo; supondrá no sólo la culminación de un ciclo de deuda, sino la inversión de una tendencia expansiva de la demografía que en lo esencial ha durado más de mil años. Y lo mismo se aplica a los países de Europa, o Rusia, Japón o China —todos los que pueden aportar un crecimiento significativo para la economía global.

Ni el capitalismo terminal que conocemos ni los Estados Unidos están hechos para adaptarse a algo así, de modo que se procura que sea el resto del mundo el que se adapte a ellos. El imperio americano pertenece a unas condiciones que son las del pasado más que las del presente, por no hablar del futuro. De ahí el aire más que sospechoso de todo lo que emana de los centros imperiales; ni los más masivos despliegues de relaciones públicas ni ningún comité de *storytelling* pueden hacer mucho por cambiar la percepción de lo que ya es evidente.

Muros, Estado policial, capitalismo de vigilancia, manipulación permanente, cultura del miedo y la confrontación, corrupción legalizada, incontinencia en la agresión y en la mentira, mercados amañados por doquier tan impersonales como el último escalón de la distribución de riqueza de Pareto ... Estados Unidos teme ya incluso competir, como lo delatan múltiples gestos y amenazas. Todo un dechado de virtudes para "liderar" con su ejemplo las naciones. ¿Quién habló de estar del lado equivocado de la Historia?

Su única excusa, se dice, es que no hay alternativa digna de consideración. Lo que sigue es un intento para mostrar lo contrario. Si los Estados Unidos son una máquina de guerra en todos los ámbitos, en ninguno se ejercita de forma más permanente que en el económico. Sabido es que el dólar es una forma de que el resto del mundo financie el desproporcionado despliegue militar americano, que a su vez es el garante del orden del dólar; pero esta es sólo la forma más ostensible entre las muchas con que financiamos nuestra servidumbre.

La mítica torpeza diplomática de Washington responde a unas condiciones históricas y geográficas peculiares que le han permitido no tener que contar prácticamente con nadie. El escenario geopolítico es una totalidad que se nos escapa y de la que cualquier agente forma parte, pero los norteamericanos no lo perciben así, lo que los convierte, en casi todos los sentidos, en el país menos indicado para administrar las cosas de otros. Esta calamitosa torpeza y arrogancia presagian un crepúsculo de proporciones bíblicas.

¿Existe alguna posibilidad de derrotar al dólar sin pasar por una tragedia de la magnitud de una tercera guerra mundial? Parece ser que existe. Tenemos a nuestra disposición algo similar a un arma definitiva; pero no hará falta decir que no se trata tanto de aplicar huérfanas medidas, como del espacio o vía abierta por una nueva situación que hay que saber interpretar y recrear.

Nueva fábula del zorro y el león

Los países europeos y los de casi todo el mundo desearían poder sortear el sistema de sanciones y bloqueos estadounidense que supone un reino del terror económico, pero sus bancos cooperan con la Reserva Federal y reciben dinero en las crisis como si fueran también accionistas. La creación de un vehículo especial europeo de pagos y compensaciones tiene muy poco alcance mientras sus compañías pretendan seguir haciendo negocios en EUA.

De hecho no cabe decir que Europa tenga lejos todos los resortes de poder, pues dejando a un lado a la City londinense, el Banco de Pagos Internacionales que marca la pauta de los depósitos en los bancos de todo el mundo se encuentra en Basilea, y el SWIFT interbancario del que se sirven los norteamericanos para su coacción se halla en las afueras de Bruselas; claro que también la sede de la OTAN se halla en Bruselas, y bien poco cuenta todo eso ante la relación de dependencia en todos los órdenes y el miedo cerval de los gobiernos al fantasma de la crisis.

Kuan Tzu, el maestro e inspirador de Sun Tzu, ya mostró repetidamente hace veintisiete siglos que se le podía dar la vuelta a la relación entre dos pueblos en muy pocos años prestando atención a sus fortalezas y debilidades económicas, en una época en que no existían ni estribos para montar los caballos. Qué no se podría hacer hoy en unos tiempos en que casi todo circula a la velocidad de la luz y la cotización de las compañías pueden desplomarse en días, horas o minutos.

Por poner sólo un ejemplo, bastaría con que el gobierno chino decidiera disciplinar sus inversiones y a sus inversores en el extranjero para que la economía norteamericana empezara a gritar. Ya sólo esto podría provocar una reacción en cadena. Pero todo el mundo sabe lo que ocurre, y además, hoy por hoy parece ser que el capital no encuentra mejores salidas.

Mientras tanto las posibilidades de una revolución monetaria son absolutamente reales pero nos cuesta imaginar algo que desde siempre ha pasado por encima de nuestras cabezas. Como bien dice Alfredo Apilánez, la importancia del tema de la creación del dinero es inversamente proporcional a la atención que recibe, lo que desde luego no es una casualidad.

Las tensiones crecientes que genera el dólar son causa principal pero no la única. Está también la poderosa y en gran medida irreversible tendencia hacia el dinero electrónico, con su desconcertante abanico de posibilidades. Y está también la necesidad igualmente creciente de seguridad ante unos mercados cada vez más volátiles, que ahora juega momentáneamente a favor del dólar pero que puede cambiar completamente de sentido en el caso de ofrecerse otras alternativas. En condiciones de gran presión externa esto funcionaría con una certeza hidráulica.

En cuanto al dinero electrónico, ya no es para nadie un secreto que hay una guerra contra el dinero en efectivo. Lenta y sostenida, pero guerra al fin y al cabo. No nos vamos a quedar sin monedas o billetes de hoy para mañana, pero se trata de minimizar gradualmente su uso de forma que el único dinero soberano y legal se convierta en un residuo desdeñable que no represente ningún peligro para los bancos privados.

Se pretende vender esto como un avance contra el crimen y la evasión de capitales para darle un cierto aire de legalidad y aun legitimidad, pero lo cierto es que tiene muy poco que ver con la ley y aun menos con los gobiernos. Por el contrario, en principio la idea es hacer la emisión del dinero aún más un asunto privado, como si un 97 por ciento no fuera suficiente. Claro que no se trata tanto de ganar un 2 por ciento más, como de cerrar el único flanco vulnerable que hoy los bancos tienen de cara al público y que aún les impide la impunidad total: el riesgo de estampidas bancarias.

Si se elimina este molesto problema, esta fastidiosa piedra en el zapato, puede decirse que los bancos ya no tienen absolutamente nada que los limite. Es la libertad total. Libertad total para jugárselo todo entre ellos, quien sabe si para llevar al mundo real la excitante simulación que planteaba Bogoshian con sus transacciones atómicas. Y para el resto de la población, sería el sueño cumplido del campo de concentración financiero y la consumación de la vigilancia total. Es una posibilidad que hay que tomarse en serio y sería necedad considerarla un cuadro distópico cuando lo que ya tenemos no dista tanto de eso.

Naturalmente si escribimos es porque aún existen otras posibilidades. Y no hablamos ya de alternativas aisladas sino del escenario en el que se presentan sus combinaciones. La primera de estas alternativas, por sí misma coja, proviene de la emergencia de las criptomonedas, que no es sino el otro aspecto de la gradual transformación del viejo dinero físico en dinero electrónico. Sí, es cierto que tras un ascenso desbocado, la burbuja de monedas como el bitcoin ha estallado estrepitosamente; pero eso es sólo un favor que se nos hace, puesto que su lugar en todo este río revuelto tendría que ser otro que la especulación.

El dinero electrónico del que se habla ahora para reemplazar al efectivo sigue estando respaldado por el banco central y está denominado en su moneda; otra cosa es que los mismos bancos consideren emitir monedas propias con determinados incentivos, ventajas y convertibilidad con la moneda legal. Claro que lo mismo puede hacer cualquier grupo que decida hacer uso de su propia criptomoneda, tanto si lo permite la ley como si no, puesto que todo depende del acuerdo entre partes, aunque las condiciones de convertibilidad varíen dramáticamente en un caso y en otro.

En el futuro los gobiernos podrían permitir legalmente todo tipo de criptomonedas privadas, o por el contrario podrían prohibirlas todas, o bien podrían permitírselas sólo a determinados bancos o entidades financieras. Ninguna de las alternativas altera la tendencia a convertir el dinero electrónico en el estándar, puesto que su progresión imparable ya se da con la moneda de curso legal. Se trata de cosas completamente diferentes, aunque como todo lo del dinero, siempre tan intangible, se presta mucho a confusión.

Lo que permanece invariable en todo este asunto es que las monedas privadas se aceptan por cuenta y riesgo del usuario, y la moneda de curso legal también, pero con un riesgo mínimo. El 97 por ciento del dinero que usamos lo crean los bancos, o si se prefiere lo crea quien pide el crédito aunque todo quede apartado de su control, pero en ningún caso es emitido por el banco central. Esto es algo que los mismos usuarios se niegan a creer porque de otro modo se sentirían demasiado estúpidos. También la teoría económica estándar rehúsa admitirlo, por más que en los últimos años hasta los bancos centrales lo estén dejando bien claro aunque sólo sea para descargarse responsabilidad.

Si confiamos en este dinero sacado de la nada, si le damos crédito al crédito que nos dan, es porque en última instancia es el Estado el que respalda ese edificio hecho de números y contabilidad; de otro modo, y para empezar, nadie metería su dinero en ellos. Por más que los bancos presuman de solidez, no son nada sin el apoyo monetario del estado del que son exclusivos beneficiarios.

Lo más razonable y conservador es suponer que esta tendencia se prolongará en el futuro, si pasamos del dinero que ahora crean los bancos a la creación distribuida de dinero mediante monedas electrónicas que permiten una contabilidad segura gracias a la tecnología de cadena de bloques. Es decir, sólo si están respaldadas por el estado, si éste permite oficialmente su conversión en moneda legal, parece que puedan tener una demanda suficiente.

La cadena de bloques permite una total consistencia e independencia de la sanción legal y la postura adoptada por el estado, pero la confianza depositada en estas criptodivisas y por tanto su demanda sí que depende en gran medida de dicha posición. Así, todavía hoy podemos confrontar en la práctica y sin necesidad de quiméricas apelaciones a los tiempos pasados las dos principales teorías sobre el origen del dinero: la cartalista o estatalista, que dice que el dinero es un artilugio legal por naturaleza, frente a la metalista generalmente adoptada por la academia y que afirma que proviene del acuerdo entre compradores y vendedores en los mercados.

Naturalmente todo este planteamiento también puede aplicarse al sistema internacional de pagos, bancos y sanciones. Es decir, compañías y agentes de los distintos países pueden decidir confiar mutuamente y crear acuerdos comerciales en cualquier criptodivisa con total independencia del sistema actual, quedando por determinar la forma de conversión en otros bienes o monedas.

Respecto a esto último, podría ser determinante la actitud de los estados de origen, o bien se podría recurrir a otras formas de valorizar el circulante, ya sea con metales preciosos, con una cesta de productos o una cesta de monedas. Hoy por hoy, no hay más que ver el dólar, no hay prácticamente ninguna relación entre la demanda de una moneda y su respaldo directo en bienes; pero siempre hay una indeterminación de fondo, y con ella una incertidumbre asociada, que permite invertir la situación si los mercados están bajo gran presión, circunstancia a la que se abona la superpotencia.

Si bien los estados parecen espacios cautivos para las monedas soberanas, ya vemos que en la práctica ésta sólo asciende a un 3-10%, por lo que puede verse claramente que en realidad de lo que se trata es de espacios cautivos para los bancos, que son los que capitalizan y se benefician de la confianza en el estado. Sus ciudadanos pueden liquidar su dinero bancario y convertirlo en criptodivisas, no necesariamente con fines especulativos, e incluso por motivos opuestos como la seguridad.

Probablemente el merecido derrumbe de bitcoin ha sido un deliberado escarmiento para enfriar el entusiasmo ante este tipo de salidas para el capital; pero no se podía esperar menos de una moneda de orígenes tan dudosos y calada hasta el tuétano de los peores instintos extractivos del capitalismo. A los grandes tenedores anónimos de esta moneda no les costó mucho terminar con el experimento después de haber esquilado a las ovejas, logrando cuando menos dos o tres objetivos distintos de un golpe.

Si se presta un poco más de atención y no se deja distraer por las aparentes antinomias, puede verse que en realidad el mercado y el estado en absoluto se oponen como alternativas del tipo "o esto o lo otro", sino que por el contrario siempre han ido juntos y han servido "el uno para el otro"; y que oponerlos de forma excluyente ha sido parte de la ceremonia de la confusión política reinante hasta el día de hoy. En realidad lo que hay es una transmisión de abajo arriba y de arriba abajo casi sin solución de continuidad pero muy selectivamente controlada.

Y lo que permite que esta transmisión sea lo bastante fluida en ambos sentidos es el control del elemento fluido por excelencia en la sociedad, el dinero y sus tipos de interés que hoy tienen un gobierno altamente centralizado. Verdaderamente hay importantes aspectos del capitalismo financiero o líquido que, pese a todas las apariencias, no desmienten la lógica básica de las "sociedades hidráulicas" de Wittfogel.

El control del dinero por los bancos privados gracias a los "bancos centrales independientes" les confiere una ventaja que no es comparable a ninguna otra puesto que es a la vez punto de apoyo y palanca de poder económico, a través de la deuda pública, para disciplinar al poder político. Sólo esta apropiación, ilegítima pero incuestionada, explica el apabullante dominio de la situación por los bancos.

Y no hace falta decir que en esa situación los gobiernos son meros comparsas a los que aún se les deja la importante papeleta de legitimar el orden de cosas. La asimetría es tan grande como la que existe entre empleador y obrero, en el que primero puede despedir al segundo pero el segundo no puede prescindir del primero.

Si el obrero no puede despedir a su patrón, puede despedir a su banquero, que es el patrón de su patrón; o en todo caso despedirse de él. Todo sería diferente si uno puede retirar su dinero de los bancos y emplearlo productivamente de acuerdo con sus intereses, y tal tendría que ser la función natural de las criptomonedas. Ahora bien, si esta opción empezara a coger fuerza entre el público, los ciudadanos pueden usar este poder natural que les viene de vuelta no sólo con finalidades económicas, sino también para ejercer presión política a la vez que vacían los depósitos bancarios.

En caso de apuro los bancos tratarían de hacer presión sobre los gobiernos para ilegalizar estas monedas y su competencia, pero, ¿qué demandas podrían hacer los ciudadanos sobre el gobierno, con este nuevo poder?

Pues incluso poniéndose en el caso más flagrante de ilegalización, todavía tendrían una considerable capacidad de modular la demanda interna de dinero y con ello su valor. Las clases populares tienen una parte pequeña de la riqueza pero son la parte mayor del uso de dinero en efectivo, legal o soberano —en conjunción con, y esto ya es curioso, el crimen organizado y el lavado de dinero.

Lo que en sí mismo ya es un exponente de hasta qué punto el sistema monetario actual ha desvirtuado las relaciones. Y es que como dijo Mervyn King, gobernador del Banco de Inglaterra durante diez años, "de las muchas formas que hay de organizar la banca, la peor es la que tenemos hoy". Por otro lado, si estudios cuidadosos muestran que aún sigue aumentando la demanda de dinero en efectivo en casi todas las divisas, ello no se debe tanto a su uso en transacciones, que sólo supone un 15% del total, como a la búsqueda de seguridad en un clima general de creciente incertidumbre. Así pues, hay una demanda creciente de seguridad, y la volatilidad que la sustenta está muy lejos de remitir, por no decir lo contrario.

La demanda más importante que podrían hacer los ciudadanos con su nuevo poder ante el estado y su gobierno, aparte de admitir legalmente algo que es legítimo de suyo —que puedan existir monedas privadas-, es el retorno al dinero soberano íntegro y el fin del dinero endógeno bancario surgido del crédito. Esto, que puede parecer revolverse contra uno mismo, es en realidad lo más lógico y más allá de la lógica es también lo que dicta el instinto y el sentido de la necesidad. No se trata de rizar el rizo sino por el contrario de alisar un sistema artificiosamente enmarañado que a menudo no beneficia ni siquiera a los que se benefician de la opacidad.

La demanda de dinero soberano, de dinero seguro, de dinero al cien por cien de reservas o incluso de dinero sin reservas o dinero legal sin más, ha empezado a tener cierto apoyo popular justamente desde la gran crisis del 2008. Es cierto que sigue siendo todavía un movimiento marginal que apenas atrae los focos de la atención pública, pero no deja de ser un movimiento en ascenso que lentamente va emergiendo en la conciencia general.

Un ejemplo lo tenemos en la iniciativa suiza por recobrar el dinero soberano y terminar con el sistema de reserva fraccionaria en que se basa la creación del dinero-deuda bancario, y que terminó en un referéndum en junio del 2018. La iniciativa fue derrotada con más de un 75% de voto en contra y no sabemos si el gobierno contó con la inestimable ayuda de Google, pero no hace falta decir que tanto el Banco Nacional Suizo como los medios hicieron una campaña de miedo en su contra. Se habló de "extrema incertidumbre" y de los riesgos de adentrarse en un "sistema no sometido a ensayo fundamentalmente diferente del de cualquier otro país". El influyente banco central alemán también se pronunció en su contra.

Hubo antes una propuesta similar en Islandia que tampoco logró su objetivo, pero sería erróneo concluir que con estas dos primeras tentativas frustradas se agota el recorrido de la idea. Este soberanismo monetario planteado desde la sociedad civil a veces puede ser algo ingenuo y la exposición que hacen del tema sus defensores no siempre es la mejor de las posibles; pero su objetivo es muy claro y los argumentos básicos están cargados de razón. Y el tiempo no dejará de mostrar la conveniencia y aun la urgencia para cambiar de sistema.

Al menos estas propuestas han alcanzado notoriedad incluso con la disposición altamente desfavorable de la máquina mediática, hasta el punto que la teoría convencional y casi oficial de la creación del dinero de los economistas ya ha sido puesta claramente en evidencia. En el año 2012 Paul Krugman aún parecía ignorar que los bancos crean efectivamente el dinero de la nada en su famoso debate con Steve Keen; hoy no creo que se atreviera a sostener semejante posición aunque sólo fuera por miedo al ridículo. En esto al menos la desvergüenza va perdiendo terreno.

Y en cuanto al miedo a aventurarse con un "sistema no sometido a ensayo" que se airea para intentar reconducir a inquietos y descarriados, no hay más que ver lo bien que estamos con este sistema tan sobradamente probado. Cuesta imaginar cómo un sistema que liquida el factor principal de inestabilidad bancario puede ser peligroso, aunque sí es cierto que a menudo preferimos lo malo conocido a lo bueno por conocer, incluso cuando hay tal asimetría entre los intereses de quienes hacen el dinero y quienes lo usan. Pero esto es un conservadurismo de suelo falso, por que cuando la gente busca seguridad, lo que hace en última instancia es acaparar dinero soberano.

También existe un más que comprensible temor a ser el primer país en desafiar el sistema de reserva fraccionaria que domina el mundo, y que con razón y sin ella se asocia tanto con la Reserva Federal. Temor, por supuesto, a represalias de todo tipo, empezando por los ataques financieros, para que no cundiera el ejemplo. No hay más que revisar la historia reciente para ver que estos temores están más que justificados, aunque todo depende también del grado de dependencia y exposición de cada país al capital extranjero, factores que de suyo contradicen la soberanía.

Y sin embargo el argumento del miedo en el caso suizo no es sólo propaganda, ni está sólo relacionado con la vulnerabilidad exterior. Es un hecho histórico indiscutible que este sistema no ha sido nunca ensayado en los tiempos modernos y que su inmersión en un entorno tan alejado del de épocas pasadas no deja de suscitar incógnitas; razón de más para hacerlo tan interesante si es que de verdad queremos crear algo nuevo.

Algunos argumentan que ya se han probado todas los políticas monetarias y que éstas se quedan en la superficie y hay que atender más a los problemas de la economía productiva. Hay una mezcla de verdades y falsedades en ello. Para empezar es evidente que el dinero soberano sin reserva fraccionaria sigue siendo hasta el día de hoy una opción inédita, y por cierto, mucho más simple, neta, legítima e irrenunciable que todas las complicadas y pusilánimes medidas paliativas adoptadas hasta ahora. Es algo bueno y deseable en sí mismo, y, aunque en la práctica no haya nada aislado en este mundo, es en principio independiente de las políticas fiscales y de gasto público.

El marxismo más irredento, harto más idealista que el mismo Hegel, continúa insistiendo en que el dinero es un epifenómeno objeto de los prestigios del "fetichismo de la mercancía", en lo cual coinciden de forma nada sorprendente con la teoría convencional, que aún nos sigue asegurando que se trata sólo de un índice de la actividad económica real. Si hemos de creer esto, los bancos sólo serían meros intermediarios entre los agentes que "realmente mueven las cosas" y tienen las manos en la masa. Naturalmente, sólo a la banca podría interesarle semejante versión de los hechos. Hay que reconocer que si estos pobres banqueros ilusos se han equivocado y tienen cogido el rábano por las hojas, lo tienen muy bien agarrado y no se les escapa tan fácil.

La teoría marxista, que con razón ha insistido en la asimetría entre capital y trabajo, aplica sin embargo la misma lógica de la equivalencia de "la economía vulgar" cuando equipara al dinero con la mercancía, cuando la asimetría y el ascendiente del dinero sobre la mercancía y de la liquidez sobre el mero capital no pueden ser más obvios: desde el que vende ilegalmente en la calle, al que vende amparado por la ley, o al banquero que extiende legal pero ilegítimamente la masa monetaria y teme que se le reclame el dinero. Podemos dar por descontado que la teoría economía nunca llegará a ser un empeño completamente científico, pero si no queremos ver estas cosas estamos realmente perdidos.

No, el dinero no es un "truco de circulación", del mismo modo que el hecho de que la sangre llegue a las distintas células del cuerpo no es debido a un "truco de circulación" ni a un autoengaño de las células. Es una categoría diferente y no sólo una categoría: es también una tecnología laboriosamente desarrollada a lo largo del tiempo y tan neutral como acostumbran a ser las tecnologías, es decir, más bien muy poco. Precisamente porque es lo más externo y formal, es también lo que define en todo momento los límites del sistema. Quien controla el dinero lo controla todo.

Si en algo están más verdes los soberanistas monetarios no es en la importancia concedida al sistema del dinero sino en los vínculos de éste con la economía productiva, empezando por la inversión. Como ya han evidenciado toda una serie de economistas desde Keynes y nos enseña la misma práctica económica, no es cierto que sólo del ahorro venga la inversión, sino que es más bien al contrario, es la inversión la que origina el ahorro, y es con la inversión que la sociedad, para decirlo con palabras de Alejandro Nadal, "se otorga a sí misma una especie de crédito".

Hay entonces que distinguir claramente entre el tipo de dinero que queremos y las formas de crédito y asignación de recursos que pueden desarrollarse a partir de un dinero neutral. Que un dinero neutral es deseable no creo que sea algo sobre lo que haya que extenderse mucho. Que el enorme privilegio y poder que se deriva de crear capacidad de compra no debería seguir en manos de unos pocos banqueros también tendría que ser evidente. Pero creación de dinero e inversión siguen siendo asuntos completamente distintos.

Para hablar con términos ya usados en economía, el dinero endógeno sin bancos, el dinero exclusivamente legal o soberano nos proporciona el "eje vertical" de las interacciones entre el estado con su entidad emisora y los usuarios privados, mientras que las interacciones entre agentes privados se desarrollan en el eje horizontal. En la creación de dinero la relevancia del eje vertical está ahora en mínimos y es en el horizontal donde se genera la inmensa mayoría del total; lo que se antoja un fiel reflejo de la actual relación de fuerzas entre la política y la economía —y entre élites y masas-, a pesar de que la creación de todo el dinero por el estado, al carecer de opciones, tampoco tendría nada que ver con las políticas de los gobiernos.

Por otro lado no es culpa de la gente que se tienda a confundir la demanda del dinero soberano con la nacionalización de la banca, y la emisión del dinero con la concesión de crédito; pues esto se debe en primer lugar a la conflación de poderes que la banca privada ha tomado sobre sí. Y así se aprecia la enorme descompensación que tiene este sistema respecto a cualquier pretendida neutralidad. Dicho de otro modo, la simple neutralidad tendría que cambiar enormemente el espacio político, el espacio económico y su mutua relación. Y lo haría de formas que ahora ni siquiera imaginamos.

Estos ejes vertical y horizontal de nuestras coordenadas expresan directamente la encrucijada existente entre la soberanía del estado y las fuerzas oceánicas, transnacionales de los mercados. Se ha hablado mucho del famoso trilema de Rodrik que plantea que hoy un país no puede tener simultáneamente soberanía, democracia e integración en los mercados globalizados, y ha de sacrificar al menos una de estas prioridades; es para todos del máximo interés ver cómo se modificaría esta disyuntiva con la introducción, no sólo del dinero soberano, sino también de la democratización y liberalización de los mercados de crédito.

Hemos dicho "liberalización" de los mercados intencionadamente, a sabiendas de que producirá picores entre las filas inmensamente mayoritarias de los que ya están bastantes más que hartos de medidas liberalizadoras; si al menos hubiéramos dicho sólo "democratización". Pero es muy deseable que, más allá de la corrección política, comprendamos que el actual neoliberalismo ni siquiera tiene la menor intención de ser liberal ni de liberar nada, sino todo lo contrario; de esta forma le adelantamos ya el envite. ¿Acaso no se ha dicho que "una casa dividida contra sí misma no puede mantenerse en pie?"

¿O tal vez nos equivocamos? Naturalmente, también hablamos de "democratización y liberalización" porque en el mencionado trilema se presentan como parcialmente excluyentes, pero en las esferas separadas de la política y la economía. Aquí por el contrario de lo que hablamos es de democracia económica, toda vez que los mercados realmente existentes están brutalmente alejados de las consabidas condiciones ideales de igualdad. Pero, por otra parte, a esta democratización de la esfera "liberal" y ahora liberada de la economía, ¿no le seguiría algo así como una liberación de la política de su condición cautiva en la partitocracia y el mercado electoral? ¿O más bien su subversión?

Una posibilidad como esta resultará ininteligible si no se entiende un poco mejor qué significa la liberación del actual mercado de crédito. Éste hoy se haya reducido al exclusivo cártel de los bancos y a la llamada banca paralela, alternativa o en la sombra. Este tipo de fondos de cobertura y entidades financieras son un fenómeno consustancial a la emergencia del casino global y no dejan de crecer al no estar sujetos a la regulación bancaria, representando una parte cada vez más alta de los activos financieros. La diferencia con los bancos es que no toman depósitos ni tienen acceso a los fondos del banco central. Situadas en una zona de transición o de penumbra, estas entidades suponen más una prolongación natural de los bancos en su imparable tendencia expansiva que una competencia, rumbo hacia el Oeste de la desregulación.

Es en esta zona de penumbra emergente, que no ha recibido atención diferencial hasta hace diez o doce años pero con una actividad mayor que la de la economía mundial, donde se generan las principales innovaciones del sector financiero; la financiación colectiva, donde de forma típica se ponen en contacto inversores e impulsores de proyectos, es sólo una más entre un gran número de propuestas que van de los seguros a las hipotecas pasando por cualquier otro producto imaginable. No hace falta seguir mucho los mercados para darse cuenta de que la banca paralela, en su búsqueda insaciable de nuevas formas de liquidez, sólo tiene que estirarse un poco más para llegar a las monedas privadas y, naturalmente, a las criptomonedas, algo que por supuesto no ha dejado de hacer.

A la "banca en la sombra" la envuelve una buena parte de ficción porque se nos hace creer que es algo ajeno y separado de la banca formal, siendo un chivo expiatorio perfecto para cuando se presentan crisis como la del 2008; pero no hace falta decir que pretender separar una de la otra en la práctica sería tan quimérico como querer separar el sistema circulatorio del linfático —no en vano se habla de tramas y de la gran trama financiera en esta dinámica de flujos del capital. A la banca sombra simplemente se le adjudican las inversiones de más rentabilidad, más riesgo y más apalancadas.

En realidad los bancos ya se preparan para su gradual desaparición y transformación en otro tipo de entidades, no de forma muy diferente a cómo las grandes fortunas bancarias con nombres y apellidos del siglo XX se retiraron discretamente de escena; y esta metamorfosis tiene lugar ante nuestros ojos. Y no es que no se hable abundantemente de ello entre los conocedores y a menudo incluso en la prensa más bienpensante, así que no estamos diciendo nada extraño. Tan sólo ocurre que a todos nos cuesta imaginar lo que venga después.

Todo esto parece entrar dentro de la lógica horizontal o líquida de la expansión de flujos de capital, que parece oponerse a las demandas de contención y verticalidad que enarbolan las tendencias en favor de la soberanía. Parecería que esa lógica horizontal despliega ante nosotros el espacio natural en que habría de extenderse la democracia económica con más potencial para lograr una democracia real. Pero las cosas no son tan sencillas, y como no podía ser menos, la misma ley de distribución de riqueza de Pareto que antes comentábamos, esa ley del 80-20 en sucesivas potencias, aparece también en el tamaño de las entidades, los flujos de los agentes y las aportaciones a la inversión tales como la financiación colectiva. Si escogen bien sus intervenciones, unos pocos pueden llegar a tener más peso que todo el resto desorganizado.

Del lado de la política también están emergiendo con fuerza estas formas de financiación anónima de iniciativas y nuevos partidos que pueden parecer populares y ser algo completamente distinto. El potencial subversivo de esta infiltración del dinero oscuro en la política es cada vez mayor y este factor multiplicado por la instrumentación de todo el aparato digital y de formación de conciencia, desde los buscadores a las redes sociales pasando por las tecnologías financieras y la inteligencia artificial, arroja un resultado todavía más perturbador. No es de extrañar que se dispare la paranoia.

Los más paranoicos suelen tener un motivo adicional para serlo, y es que ellos han sido los primeros en usar esa panoplia de armas tanto en sus guerras de baja intensidad como en sus campañas relámpago, ya sean políticas, financieras o de divisas; y los grandes centros de poder norteamericanos dan buena fe de ello. "Solo el paranoico sobrevive". La regla general sería "potenciar las leyes de potencias", es decir, actualizar al máximo el poder de las presentes estructuras para hacerlo efectivo, para hacerlo valer. Tampoco ha sido tan diferente en el pasado, y sólo así se explicaría el incomprensible fenómeno de que en pueblos depauperados salgan elegidas, o al menos eso dicen, opciones políticas que desprecian abiertamente la situación de las mayorías. Aunque seguramente hay también algo más.

Se ve entonces que no basta decir "somos mayoría" o "somos el 90 por ciento", o "somos el 99 por ciento". Está claro que la estimación cuantitativa es muy insuficiente y, como dice Recio Andreu, hay que tener en cuenta la estructura, la dinámica pasada y las alternativas presentes. Una medida como la eliminación del dinero por reserva fraccionaria cambiaría a la vez desde arriba y desde abajo la estructura, y sobre todo el sentido de la dinámica pasada, la dirección del flujo en esta gigantesca bomba de succión. El dinero soberano tendría de inmediato efectos profundos tanto en lo político como en lo económico; y también daría un vuelco completamente inesperado al sentido político del nacionalismo y el soberanismo, en España, en Europa, y en cualquier parte del mundo.

Ahora bien, si el dinero soberano no está en las agendas de los partidos políticos actuales, ¿cómo puede prosperar su demanda? Las primeras avanzadillas en países como Islandia o Suiza han tenido lugar por iniciativas de la sociedad civil, y es de esperar que siga siendo así hasta que el tema experimente una mutación y atraiga la atención de otros actores. En su favor juega, precisamente, que es casi la única alternativa importante que queda y que no se ha puesto en juego nunca, que es realmente inédita; y este sistema tiende a agotarlo todo y a exprimir hasta la última posibilidad. Y eso mismo es lo que tiene en su contra.

Medidas como la renta básica no son cosas inéditas sino una amplificación de los subsidios intentando resucitar el viejo estado del bienestar. Pueden ser mejores y más eficaces que inyectar dinero en cantidades ingentes para inflar títulos y activos, pero nuevas desde luego no son, y en cualquier caso se pondrán siempre *al servicio del pago de la deuda*. Se trata de tratamientos paliativos ya parcialmente ensayados y que a pesar de sus buenas intenciones tienen un inconfundible aire de derrotismo y de claudicación. Sin embargo se seguirá proponiendo como alternativa porque aún se les reserva un papel que jugar.

Como decían los viejos alquimistas y muestra tan bien nuestra historia, hay una querencia del volátil por el fijo y del dinero por el estado no menos que hay oposición. Es decir, las alternativas y lances se suceden no sólo por la oscilación de las circunstancias externas sino también por una interna indeterminación. Como el mercurio y el azufre, como los dos ejes de nuestras coordenadas, como el agua y el fuego, como el zorro y el león, la liquidez busca seguridad y los activos acumulados buscan liquidez porque es la única forma que tienen de ser valorizados. "Todo lo sólido se desvanece en el aire", sí, y del aire es de donde vuelve a caer.

El estancamiento secular con crecimiento episódico en la era de los rendimientos decrecientes empuja a los inversores a forzar sus apuestas en todos los campos y esto ya está haciendo mella en la política con su propio problema de agotamiento de propuestas. La tentación de viralizar y hackear la voluntad popular de estados enteros adquiere una fuerza aún más respetable cuando uno ni siquiera se tiene que manchar la punta de los dedos. Pero la rentabilidad decreciente también hace presión para que se transformen las formas y estructuras de producción de la llamada economía real.

A estas formas y estructuras le caben básicamente dos alternativas: o bien optimizar para el beneficio las estructuras presentes altamente diversificadas pero centralizadas tal como hacen las grandes firmas tecnológicas, o bien crear otras enteramente diferentes, más descentralizadas y horizontales, en los que el beneficio inmediato no sea el único criterio. Naturalmente también existe una fuerte propensión de las compañías de estructura vertical a absorber y subordinar a las segundas mediante compra directa o indirecta por participación.

Para abreviar, y si es posible tener algo de claridad dentro de esta indescriptible confusión, a los intereses realmente más horizontales e igualitarios les interesa reivindicar como prioridad absoluta el establecimiento del dinero soberano, y hacerlo tanto por la vía política como la económica extrayendo fondos suyos del sistema, que a su vez pueden servir para impulsar la iniciativa con independencia de otros intereses que siempre querrán reconducirlos a sus propios fines. Si algo tan dudoso en todos los sentidos como la salida de la Unión Europea se consiguió con una campaña de siete millones de libras esterlinas, sería absurdo desesperar de poder llevar adelante reivindicaciones como ésta.

Sólo espera su oportunidad, aunque no hay que quedarse esperando a que la oportunidad llegue. Todo un veterano como Miguel Ángel Fernández Ordóñez, gobernador del Banco de España entre el 2006 y el 2012, daba una charla hace sólo un año titulada "El futuro de la banca: dinero seguro y desregulación del sistema financiero". Era una propuesta de dinero soberano que se circunscribía a los puntos más fundamentales de lo que él entendía como un cambio a un sistema completamente diferente. Ordóñez se negaba razonablemente a hacer de esta medida una panacea para todos los problemas que nos aquejan pero lo que dijo no tenía desperdicio.

Esto nos hace ver que las mentes más sensatas están considerando esta posibilidad, lo que tendría que bastar para prestarle atención. El caso es que aquí el dinero soberano se solapa con la introducción del dinero electrónico, lo que aún hace más necesario extremar la alerta. Donde está el peligro, allí está la salvación —y viceversa. Los primeros bancos centrales del mundo, el Banco de Suecia y el Banco de Inglaterra, ya llevan tiempo estudiando detalladamente la cuestión y dedicándole programas y comisiones de investigación. En el caso del Banco de Inglaterra, ese programa plantea el análisis de 65 puntos, en absoluto aspectos técnicos triviales. Por el contrario, se trata de una hoja de ruta que da una idea de aspectos vitales que pueden convertirse en otras tantas bifurcaciones para bien y para mal. Seríamos necios sin remedio dejando esto sólo a la banca y empezando a largar sobre el fetichismo del dinero.

Ordóñez da sólo algunos ejemplos de estas cuestiones, como a quién ha de entregarse el dinero emitido. ¿A los gobiernos, o a los ciudadanos? ¿Con qué discreción? ¿Cómo responderá el crédito sin subsidios al endeudamiento? ¿Cómo se verá alterada la política monetaria si los tipos de interés los fija exclusivamente el mercado? Estos dependerán exclusivamente del acuerdo entre quienes prestan y quienes deciden endeudarse. Al separar el dinero de todo el sistema financiero, la banca en la sombra desaparecerá siempre y cuando no existan regulaciones. O algo de extremada importancia, ¿cómo se producirá la transición? Y es que los términos de la transición definen también los riesgos de una cristalización que puede ser prácticamente irreversible.

Habría muchos otros temas verdaderamente fundamentales que tratar. Por ejemplo, el del consentimiento; ahora el dinero que uno deposita se presta para cualquier otro fin, váyase a saber cuál, sin consentimiento de su titular, pero en un sistema trasparente no habría préstamos sin consentimiento entre las partes. O que haya asunción de riesgos tanto para las ganancias como para las pérdidas, cuando ahora se privatizan las ganancias y se socializan las pérdidas. Además los bancos nunca se dejan la piel en el empeño, puesto que casi todo el dinero que usan no es de sus accionistas. En definitiva, a pesar de la presunta complejidad del tema es bien fácil ver que de lo que se trata es de cambiar por completo las reglas del juego que hoy conceden a los bancos unos privilegios y ventajas inconcebibles, no ya en una sociedad racional, sino en una medianamente razonable y eficiente.

Esto no son remedios paliativos para apuntalar el sistema, esto es una transformación de arriba abajo y en profundidad, con temas mucho más fundamentales y de más alcance que los que hoy presentan los miserables programas de los partidos políticos; pero justamente lo primero que se echa en falta es más conciencia e implicación ciudadana. Claro que aquí nos espera el gran cruce de caminos: la soberanía monetaria es un asunto exclusivamente político, la liberalización del crédito es una cuestión de actividad y empeño económicos. La conciencia y la implicación deberían afectar simultáneamente a ambos factores.

Este diametral cruce de caminos provoca perplejidad y estupefacción en todas las orientaciones políticas y es como si dijéramos el fiel índice o signatura del caos al que nos acercamos. Pero al menos nos da unas coordenadas para enfocarlo con nuestra propia mirada en vez de ser tragados por el torbellino. Si Fernández Ordóñez se muestra exquisitamente circunspecto en su visión del tema, yo por el contrario quisiera tratar, por amplificación, de cómo trasciende la coyuntura y nos permite ver en ésta un guiño de algo más intemporal.

Si el dinero fuera sólo un símbolo, aún sería un símbolo completo y conectado a todo le demás; si fuera sólo un velo de la actividad, bastaría levantar con presteza un cabo de ese velo para tener un vislumbre fugaz de una totalidad que siempre es más cercana e inasible de lo que creemos. Pero sabemos que el dinero es también otras cosas, sabemos que tiene una estructura, comporta una dinámica, y aún tiene por delante poderosas alternativas. Es no sólo instrumento supremo de dominación sino también su más secreto prestigio.

Si la simplificación radical del dinero soberano no fuera acompañada de la desregulación del crédito, el potencial igualitario de la medida sería encauzado de inmediato por otras estructuras jerárquicas, ya sean los bancos actuales con su sistema, ya fuera con una banca nacionalizada que desde luego ahora nadie espera.

Por más opuestos que parezcan, ambos nos llevan a la dependencia.

Dado que nunca se comenta, es oportuno recordar que los países socialistas nunca transformaron el sistema "burgués" de reserva fraccionaria y que la asignación de recursos por planificación fue siempre algo centralizado y jerarquizado. Y esto, y no ataques externos, es el meollo por el que se anquilosó primero y luego se descompuso toda la sociedad soviética. Sin las presiones financieras de la globalización, se desaprovechó la soberanía y se despreció la participación democrática, y el resultado fue otro proyecto más en el cubo de basura de la historia. Ahora, en condiciones mucho más apremiantes, los que estamos en la lista de espera somos nosotros, tanto los países occidentales como China, Japón o la misma Rusia.

Si por el contrario se consuma la desregulación del crédito que ya ha ganado mucho terreno con la banca paralela, pero no se alcanza la soberanía monetaria, ¿qué pasaría? Puesto que ahora mismo casi nadie espera que se adopte esa medida, el resultado sólo puede ser... la deriva actual con su casi total incertidumbre para el futuro. Pero si el trilema del mercado, la democracia, y la soberanía nos habla tan claramente de la libertad, la igualdad y la seguridad, el énfasis ante la creciente incertidumbre pasará necesariamente por la demanda de seguridad, que es lo que está trastornando el panorama político y no ha de dejar de afectar a los mercados si flaquea la supremacía del dólar.

Si la incertidumbre va en aumento, el valor en alza, tanto en los mercados electorales como en los financieros, sólo puede ser la seguridad. Y esto es lo que provoca el giro cada vez más conservador que se aprecia por doquier, tan difícil de controlar como el miedo. ¿Qué productos sacarán estos mercados para satisfacer esa creciente demanda? Ciertamente la soberanía monetaria daría seguridad interna a los diferentes países —Ordóñez llama al dinero soberano dinero seguro- si no fuera por el temor a los ataques y represalias del centro del imperio. Pero en algún momento no tan lejano pueden empezar a pesar más las razones internas, dependiendo de cómo se planteen las prioridades de la economía y la tolerancia a los sacrificios. O uno se sacrifica a sí mismo a su manera, o es sacrificado por otros. Naturalmente hay muchos otros factores que aquí es imposible abordar.

Tiene que venir alguien como Wolfgang Streeck, curtido en una de las más prestigiosas instituciones alemanas, para que la idea de salirse del euro no parezca un pataleo retrógrado. Esto sólo abunda en los problemas que la gente que se considera de izquierda tiene con la soberanía y el nacionalismo. Y sin embargo es fácil ver que la soberanía monetaria plantea un escenario completamente diferente, en el que la demanda de autodeterminación no es excluyente ni hostil a la autodeterminación en otros estados —no es un cierre ideológico-, sino más bien todo lo contrario. Son las oligarquías las que se abonan a bazas nacionalistas mientras apuestan por la actual deriva heterónoma: ése y no otro es el nacionalpopulismo regresivo. Hay que tomarse en serio esta bisagra entre los aspectos más legítimos de la soberanía popular nacional y el internacionalismo.

Lo mismo vale para el tema, tan ligado a la soberanía, de la inmigración. Ni se puede negar que ello supone una tremenda bomba de tiempo, ni se puede dar la espalda a los problemas que existen en los países de origen. Y desde luego, tampoco es deseable optar por vergonzosas estrategias neocoloniales como las que barajan las pequeñas potencias europeas. Hay que apostar decididamente por la soberanía monetaria para ellos igual que para nosotros, puesto que es la única forma de que los pueblos comiencen a tomar el destino entre sus manos.

Finalmente esto es válido para las relaciones del resto de los países con los Estados Unidos. Desde un punto de vista moral, la demanda por la soberanía monetaria no se puede aplastar fácilmente. Intentar sofocarla en otros países le puede suponer finalmente un coste imposible en términos del crédito que este país recibe desde fuera, así como del crédito que recibe entre sus propios ciudadanos. Aunque las fuerzas que lo dirigen no tengan el menor escrúpulo, la fuerza de la opinión sí, y aquí estamos tocando una fibra particularmente sensible del imaginario americano. Hasta el diablo necesita su pequeño diez por ciento de buena fe para existir —de otro modo no sólo se separa del bien y del mal, sino también del Árbol de la Vida.

Europa no puede refundarse sin la destrucción de la actual Unión Europea y sus completamente viciadas estructuras y dinámicas. Se ha dicho sin descanso que la unión monetaria europea no podía funcionar sin una armonización progresiva y unificación de las políticas fiscales; pero mucho antes de esto, el suelo cero por así decir de la unificación monetaria, previa a cualquier política fiscal, es la destrucción del sistema de reserva fraccionaria. Esto dotaría a cada país de otro margen de maniobra y de un terreno común de entendimiento incluso manteniéndose cada cual dentro de su propia moneda. El cambio real sólo puede producirse desde el interior de cada sociedad, no por ordenamiento supranacional. El experimento actual debería darse ya por fracasado para pasar lo antes posible a otro escenario.

No salimos del tema de la presión externa y la tensión estructural, del agua y el fuego, de la sagacidad de los mercados y de la voluntad política, del zorro y el león. Y si el Banco de Inglaterra, donde el león siempre fue detrás de la raposa, no se ha atrevido a plantear ese cambio radical, es obviamente por su identificación a muerte con los intereses de los más beneficiados por el viejo sistema dentro y fuera de la isla.

Y aun así nos llegan noticias de que incluso gente como Martin Wolf, jefe de economía del Financial Times, ha defendido esta medida, como lo hicieron en algún momento de su carrera célebres economistas de Chicago como Irving Fisher e incluso Milton Friedman; nombres e instituciones que inspiran un justificado temor y temblor. ¿No es esto de lo más inquietante?, se pueden preguntar muchos. Y sí, es inquietante, pero no por que lo considere Wolf, algo después de todo normal. Lo que es inquietante es que no acertemos a dedicarle un mínimo de tiempo nosotros, los que tendríamos que ser los principales beneficiarios.

Si estos y otros especialistas más que integrados en el actual sistema han considerado la cuestión y algunas de sus variantes no es porque pudiera beneficiar directamente a los bancos, lo que no es ciertamente el caso, sino porque contemplan su carácter dual: del lado de la creación del dinero se simplifican enormemente las condiciones y la estabilidad, y el sacrificio de poder y ventajas puede recuperarse tal vez con creces en un territorio mucho más libre de reglas para el crédito. Y después de todo ya se ve que la banca emigra decididamente en esa dirección. Ellos también tratan de ver el tema en su conjunto y no como una medida aislada; pero la legitimidad de la "medida aislada" está fuera de cuestión. Es el sistema actual el que no es legítimo, en espera de que el pueblo lo recobre para sí.

Aunque pueda producirnos miedo, lo que esto indica es que también la lógica horizontal de los mercados está aquí al acecho y en espera del momento adecuado para entrar. Pero sin el concurso del agua y del fuego, del mercado y el ejercicio de la soberanía, es imposible cocinar este plato. Lo que decanta la balanza en el resultado final no es otra cosa que el grado de participación popular, de democracia, pero no en el sentido gastado que ahora tiene. Hablamos de la democracia económica, del protagonismo de individuos y comunidades en el destino del dinero, en esas nuevas entidades que están llamadas a suceder a los bancos.

Retomando la pregunta anterior, en el caso de que a los pueblos, que no a los estados, se les niegue la soberanía monetaria y el dinero seguro, ¿dónde hallar un simulacro de seguridad? No hablamos ahora de políticas fiscales y redistributivas, que siempre aspiran a tener un papel estabilizador aunque son de suyo tambaleantes, sino de la base del sistema y su relación con los mercados. Una posibilidad ya en piloto automático es que el actual sistema de creación de dinero bancario consiga evacuar suficiente dinero en efectivo y se generalice un tipo de dinero electrónico que en nada cambie la situación de las cosas pero que aún haga más invulnerables a los bancos.

Esta es una de las perspectivas más sombrías, pero, aunque tenga a la deriva presente en su favor, no parece tener mucha viabilidad la vendan como la vendan. Sí los bancos consiguieran ser invulnerables sin tener que contar con nadie, lo único que podríamos esperar es su beneficencia a cambio de nuestra servidumbre; concesiones tales como la renta básica a cambio siempre del pago de la deuda y un goteo desde arriba que en realidad les costarían poco menos que nada porque sólo ellos controlarían el fondo indeterminado del valor nominal y los activos además de todos nuestros datos. Sinceramente, me niego a creer que podamos terminar así, y aun si llegáramos a esto, también me niego a creer que pudiera durar mucho.

Frente a esto parece mucho más verosímil una visión como la de Ordóñez, en la que el dinero electrónico llega a ser el dinero legal sin más y el crédito queda liberado para todo tipo de entidades e instituciones, a las que ya va emigrando el dinero en y de los bancos. Sin embargo la posibilidad del "campo de concentración financiero" no se puede ignorar, no sólo porque no dista tanto de la situación actual sino también y especialmente porque puede llegar bajo un disfraz, incluido el del dinero soberano.

La simple caracterización (dinero seguro + crédito libre), que también podemos llamar (dinero neutral + crédito libre), pensada sobre todo para el dinero electrónico y un máximo de liquidez, y que por supuesto no excluye en principio la coexistencia con el dinero físico, tal vez nos dé una idea falsa del conjunto haciéndonos pensar en su total separación. Esta claro que si sólo existe dinero legal la creación del dinero y la asignación del crédito quedan netamente separados en claro contraste con el sistema actual. Pero aún permanece abierto un frente tan vasto como el valor nominal de la moneda legal y su relación con los bienes, los activos u otras monedas, es decir, con el mercado. Puesto que ya el crédito encarna aquí al mercado, tendríamos que hablar, más bien, del producto de estos dos factores. Seguramente no hay un punto final en su dialéctica, lo que no quita para que suponga una impensada desgarradura en la trama actual.

Hay que poder ponerse en el peor de los casos, y en cómo los poderes privados podrían hacer de algo público un mercado cautivo —como ya ha sucedido tantas veces-, para abarcar cabalmente el círculo completo de posibles situaciones. Y esto por todo lo contrario al derrotismo. Para intentar hacer las cosas bien hay que ver todo lo que puede ir mal; y desde luego, nadie pensará que la banca va a soltar parcelas de poder de cualquier manera. Si somos capaces de imaginar a los mismos poderes de siempre después del cambio de escenario más radical, habremos aprendido algo de la historia y estaremos un poco más a la altura de las circunstancias.

Con las turbulencias en aumento sostenido, resulta más que conveniente crear colectivos y observatorios para estudiar detenidamente toda esta nueva constelación y el nuevo espacio de acción que abre. No sólo para analizar los distintos puntos sino para intentar recomponer continuamente la perspectiva del inasible conjunto y poder sacar conclusiones mejor fundadas. Y desde luego como más se aprende es experimentando y creando comunidades con una moneda propia. El asunto es de mucho calado y cuando llegue el día no perdonará la improvisación.

Los poderes actuales necesitan desesperadamente renovarse y no quieren perderse ninguna oportunidad. Cualquier cosa que se les antoje "revolucionaria", el primer impulso es comprarla, y esa primera reacción es la que cuenta, aunque luego no se use para nada; se trata, como mínimo, de tener "una opción de compra".

Por otro lado incluso a un observador poco informado que se detenga un momento le salta a la vista que aquí hay espacio libre para la acción, y de esto hay una necesidad aún más desesperada; como salta a la vista que puede aliviar la presión externa de los mercados y la tensión interna de las estructuras. Sólo que el coste en transferencia de poder es tan alto que tendría el lugar reservado a los últimos recursos. Ahí es donde la iniciativa pública ha de actuar.

Cuando hablamos de soberanía monetaria y del miedo de cualquier país a ser el primero en desafiar al sistema de reserva fraccionaria por temor a las represalias —y contando con que la Reserva Federal ya tiene su propio sistema de vasos comunicantes, la pregunta naturalmente es quién le pone el cascabel al gato. Pero mucho antes de que haya un país que de el primer paso, ya hay criptodivisas que suponen experimentos en vivo y en tiempo real con los tres componentes del trilema: con la participación de sus miembros, la interacción con el mercado, y la autonomía frente a éste.

En efecto, si el mercado global tiende a subvertirlo todo, y no queremos sacrificar la participación popular, la única forma de ganar soberanía es dándole la espalda en alguna medida a los mercados. Se dice, por ejemplo, que China no puede renunciar ahora a los mercados internacionales y en esas condiciones sólo puede hacerlo a expensas de la distribución de poder y en favor de su concentración —pero sabemos que la situación de los países occidentales no es muy diferente en esto último, sólo que con mucha menos soberanía. En cuanto a los Estados Unidos no hace falta decir que el no sacrificar los intereses imperiales, que tienden a identificarse con el mercado global, también tienen un enorme coste en términos de autonomía.

Ya hay criptodivisas que quieren ser un soporte para la autonomía de una comunidad y se niegan a que su valor dependa de la cotización en los mercados; se trata de monedas que intentan favorecer el valor de uso sobre el valor de cambio. A un nivel tan modesto como se quiera, son las primeras vallas que se levantan a la lógica horizontal del dinero desde el dinero mismo, y pensando en otra cosa que el dinero. En definitiva, son los primeros experimentos de soberanía monetaria a una escala reducida pero con un alcance trasnacional.

Si por un lado la creación de dinero como deuda es ya una invitación irresistible a la creación de burbujas, por otro lado la concentración del poder económico conduce a la reducción de costos y salarios para compensar la pérdida de rentabilidad. Esto crea simultáneamente pérdida de demanda, aumento de capacidad ociosa y búsqueda de mayores ganancias en el casino financiero global. Son algunos de los rasgos característicos del estancamiento secular que ya analizó Steindl ya hace casi setenta años y que a pesar de la gran diferencia de condiciones siguen manteniendo mucha de su vigencia.

Esto plantea el tema inmenso de la inversión de las actuales tendencias inversoras, es decir, "la inversión de la inversión" en su actual tendencia patológica crecientemente desligada de la economía y las necesidades reales. Esta dinámica no sólo desatiende muchas necesidades e intereses prioritarios sino que además destruye activamente las resistencias puramente defensivas que se le oponen. Y el dinero soberano es la forma más legítima tanto de rechazar la dinámica de deuda y burbujas como de oponer muros de contención para atender las prioridades de las comunidades más diversas.

Es autoevidente sin más: todo empieza por neutralizar el dinero haciéndolo completamente independiente de cualquier expectativa de beneficio o especulación. No faltarán interesados que digan que un dinero realmente neutro sería algo "muerto" o incluso "tonto" desde el punto de vista de la inversión; pero es muy fácil ver que sería todo lo contrario, sería un dinero mucho más sensible e imparcial si no está sobredeterminado con los tipos de interés del ente emisor que aún incentivan más la especulación y crean una dinámica adictiva. Este sería la precondición indispensable para un cambio de tendencia en la inversión.

Las expectativas de resultados pertenecen por el contrario al lado del crédito y la inversión. Si el beneficio puramente cuantitativo o ganancia de una ventaja cambiaria siempre pide desregulación, no se puede pedir luego regulación o discriminación contra las entidades que optan por poner sus propias condiciones al mercado porque eso ya forma parte de la misma diversidad de opciones del mercado. Si se desregula y deja hacer tiene que ser para todo el mundo.

La gran concentración de dinero del mercado especulativo es justamente la de la gran desigualdad de riqueza, lo que hace igualmente desigual la concurrencia. Las medidas y muros de contención impuestos por las propias comunidades a la lógica disolvente de los mercados especulativos es la única forma positiva de invertir la tendencia de la búsqueda de máximo beneficio y de escapar de la planificación central. Hay muchas más necesidades que no se rigen por la lógica del máximo beneficio que las que se rigen por él: de lo que se trata es de que las comunidades tengan formas de atenderlas en lugar de delegarlas en unas compañías o un estado con otras prioridades.

Es en esta dirección, desde lo terciario a lo primario, que deberían evolucionar las cosas, en lugar de la omnipresente terciarización de la economía de servicios moderna que lo desnaturaliza absolutamente todo. Si esta economía de servicios se ha extralimitado hasta lo absurdo es porque aún no hemos encontrado un bucle de realimentación adecuado.

Sería un error pensar que esto es una retirada hacia lo particular. La mostrenca deriva del mundo es lo particular; lo universal sólo puede plantearse en tanto que algo tiene fuerza para apartar el imperialismo del contexto y sustraerse a esa corriente que lo arrastra todo. Char habló de la soberanía de poder cerrar los ojos, y la gente buscará las criptomonedas y las comunidades de base por un montón de motivos diferentes, pero en cualquier caso no tanto por cuestiones de identidad como para defenderse de cosas como el acoso de la opinión y los mercados, la vigilancia permanente y el comercio con sus datos —las cosas menos universales que existen.

Las criptomonedas privadas y comunitarias, están en etapa de plena experimentación y cada cual tiene su propia política de prioridades; no es lo mismo la divisa que pueda emitir un banco que la creada por un colectivo de trabajadores que quieren reactivar un polígono. Si por un lado está la situación del dinero legal del estado, por otro está la política de convertibilidad, de cotización en el mercado de divisas, si está basada en el número limitado y en la administración de la escasez o está respaldada directamente por el trabajo, etcétera.

Aunque se trate necesariamente de ensayos a pequeña escala, cualquier experimento es escalable y puede ser adoptado en todo o en parte por otras comunidades. Si la lógica de la diversificación jerárquica en las grandes compañías es la extracción de valor, aquí es por el contrario su creación y difusión.

Nada es nuevo en este mundo, sólo cambian las circunstancias; y las tecnologías son sólo una circunstancia más. Hasta mediados del siglo XIX los bancos emitían su propio dinero-papel, y fue por entonces cuando la emisión pasó a depender de los bancos centrales. Las rudimentarias técnicas analógicas de contabilidad de la época fueron cómplices del estiramiento de la masa monetaria para el crédito que tan a menudo terminaron de la peor manera; y estas mismas limitaciones técnicas de la contabilidad fueron la mejor excusa para bloquear las propuestas de terminar con el sistema de reserva fraccionaria en tiempos de Roosevelt.

Hoy sin duda las tecnologías no son un problema, así que esa excusa ha dejado de existir. En cuanto a la coyuntura actual y de los próximos diez años, probablemente aún sea más complicada y difícil de revertir que en los años treinta. Sin embargo lo verdaderamente llamativo de este giro es que de alguna manera estamos hablando de aprovechar un impulso tecnológico para viajar en el tiempo e intentar cambiar nuestro presente actualizando un preterible; del mismo modo que pensamos en aprovechar la extrema volatilidad de la transmisión electrónica para consolidar un "dinero seguro", "soberano", y "legítimo".

Klaus Schwab expresó famosamente en el foro de Davos de 2018 que "la línea de la división de hoy no está entre la izquierda y la derecha políticas, sino entre los que abrazan el cambio y los que quieren conservar el pasado", lo que sólo puede sonar como una suerte de conminación de las élites. Pero la realidad presente es mucho más complicada, puesto que ya estamos intentando utilizar el impulso hacia el futuro para conservar el pasado, y esta tendencia contradictoria no dejará de agudizarse con la crisis. El que tiene setenta años quisiera volver a tener quince sin renunciar a lo que ha aprendido; seguramente eso es un imposible biológico y biográfico. En la historia, sin embargo, parece que las únicas opciones que pueden recuperarse son las que nunca fueron tomadas, como si su pasada ausencia les abriera un hueco en el presente.

¿Cuánto hay de deriva inerte y cuánto de impulso real en el movimiento acelerado del presente? En una cuestión tan abstrusa como la que en su día sostuvieron los físicos a propósito de la fuerza viva y la inercia, que aún hay quien dice que nunca fue correctamente planteada. Pero, en la eterna indeterminación del momento presente, uno diría sin pensarlo que sólo está vivo aquello que es capaz de cambiar lo que parece inevitable. El futuro inevitable de estas élites autoelegidas nunca tuvo menos tracción ni menos fuerza viva.

¿Cómo calificar políticamente una medida como el dinero soberano? ¿Es "liberal" el dinero neutral? ¿Es "conservador" el dinero seguro? ¿Es "progresista"? ¿Es "igualitario"? Parece las cuatro cosas de forma manifiesta y positiva; y tal vez sea porque resulta tan difícil de capitalizar en exclusiva que los partidos no muestran demasiado interés por el asunto. Claro que encomendar hoy una idea a los partidos es la mejor forma de arruinarla.

Si los políticos hoy no tienen ninguna capacidad de limitar a los poderes financieros, las barreras tendrán que ponerlas de alguna manera los mismos agentes interesados; pero es evidente que en muchos terrenos no pueden jugar mano a mano con los monopolios tecnológicos. Las células y redes autónomas con sus propios medios financieros están llamados a jugar un gran papel de protección de prioridades, drenaje de recursos, desvíos a sanciones y organización de iniciativas políticas, y entre éstas se encuentra la demanda de que el estado no evada sus responsabilidades en la cuestión de la soberanía digital y las políticas de datos.

El mismo equipo de campaña de Trump, que pone el grito en el cielo por el "comunismo" de Sanders, considera ahora mismo nacionalizar la inmensa red de infraestructuras que deben soportar la 5G argumentando que se trata de evitar el espionaje chino; otra buena prueba de que al imperio no le importa sumar contradicciones cuando de lo que se le trata es de mantener su posición, además de ser una nueva demostración inequívoca de una economía de guerra. Ahora bien, no hace falta decir que la medida en sí misma es completamente legítima; lo que ya sería doblemente ilegítimo es si los Estados Unidos se opusieran a que otros países hagan lo mismo. Esperemos que todos los estados del mundo tomen nota.

Si las criptomonedas dependen ante todo de la encriptación, aún cabe plantearse hasta qué punto la soberanía monetaria es dependiente de la soberanía digital, y viceversa, puesto que ambas pertenecen a una misma esfera. Las medidas conducentes a la soberanía monetaria tienen que contemplar necesariamente las políticas de datos, y a su vez amplían el margen de maniobra para nacionalizar las infraestructuras. Todo esto tendría que suponer un giro decisivo.

Como nos recuerda Evgeny Morozov, desarrollar algoritmos de búsqueda no es un ningún problema y Google ha inventado mucho menos de lo que se cree; la auténtica diferencia estriba en disponer de los datos, y esto debería ser una cuestión política y legal antes que comercial. Hay tres situaciones posibles: seguir colonizados como ahora, permitir la posesión y venta de los datos, o permitir sólo la posesión pero no la venta. Cualquiera de las dos últimas es preferible a la primera, aunque la tercera parece más lógica si se tiene en cuenta que los más necesitados de dinero son los que menos interesan a unas compañías que se supone están al servicio del consumo.

Son los Estados Unidos los que están rompiendo una tras otra las reglas internacionales ya dictadas en gran medida por sus propios intereses además de iniciar de forma abierta y encubierta las hostilidades. En algún momento habrá que pasar a tomar la iniciativa, porque son ellos, y no el resto del mundo, quienes tienen más que perder. Es el mundo el que sustenta el excederse americano, no al revés. No es nada difícil dejar de suministrarles datos y comprarles dólares, sólo se trata de cambiar la tendencia; y cuando esa tendencia cambie de manera firme y justificada con hechos, nada la detendrá.

Si se nacionaliza la creación del dinero y las infraestructuras de red además de recuperar el flujo de los datos, se invertirá decididamente la tendencia a privatizar los bienes públicos y el persistente plan para desmantelar los estados y dejarnos a merced de las corporaciones sufrirá un revés decisivo. Ya que se nos ha hecho durante tanto tiempo la guerra, adoptemos también nosotros una economía de guerra, si es que no queremos seguir siendo despedazados. En general hablamos de medidas estrictamente defensivas.

En cuanto a la coexistencia de una moneda legal nacional o plurinacional de dinero seguro —sin reserva fraccionaria- con otras muchas monedas que sí pueden estar implicadas en el crédito y la economía productiva, aunque en un principio parezca contradictorio todo depende de cómo se articule la conexión y la convertibilidad; pero si de lo que se trata es de garantizar la tan reclamada resiliencia, esta debería ser la ruta natural. El terminar con la reserva fraccionaria de ningún modo excluye monedas complementarias, locales o privadas; y de hecho éstas tendrían que contribuir a la recuperación de los espacios públicos perdidos con un espíritu nuevo.

Los principales beneficios de terminar con la reserva fraccionaria que veía Fisher eran: (1) Mejor control de las fluctuaciones de los ciclos de negocios debidas al crédito bancario (2) Eliminación total de las ejecuciones bancarias (3) Reducción dramática de la deuda pública neta (4) Reducción dramática de la deuda privada, si la creación del dinero ya no depende intrínsecamente de la deuda. Kumhof y Benes, en su informe al FMI, añadían a estos cuatro grandes avances ganancias productivas cercanas al 10 por ciento.

Todas estas ventajas ya compensarían sobradamente los inconvenientes de una "economía de guerra económica". Incluso en los casos en que no se puede encontrar un recambio inmediato en otros mercados para las exportaciones a EUA. En cuanto a las importaciones, hay muy pocos productos para los que no pueda encontrarse otro proveedor provisional, y en cualquier caso es beneficioso para la economía de cada país buscar mayores cotas de autosuficiencia. Y, por supuesto, también están Rusia y China como socios.

Si los estados europeos adoptan con decisión la vía de la soberanía y la liberación —y la fuerza de esa decisión depende de asumir esas medidas monetarias y en la economía digital, habrá que ver cuál es la reacción estadounidense. No es imposible que la agresividad de su actual política comenzara a ceder y se empezaran a adoptar actitudes más dialogantes; pero incluso en el caso de precipitar una carrera de hostilidades tal como las que ahora sufre Rusia, tampoco es para echarse a temblar. Las consecuencias de no hacer nada ya son de hecho peores, y si pensamos a más largo plazo, mucho peores sin comparación. Porque, aparte de las consecuencias, y de la dignidad, también perdemos nuestra más íntima oportunidad.

"Anyone but China" —cualquiera menos China- susurran los hipnotizadores americanos a sus pacientes europeos; pero la falacia no puede ser más grosera. China no puede aspirar a ser un imperio mundial porque el conjunto de su impermeable cultura e instituciones no pueden ni remotamente imponerse al resto del mundo como lo ha hecho el modelo americano en el que el expansionismo es su razón de ser. China, que tiene su propio proyecto imperial pero no es en absoluto un relevo viable del imperio global americano, resulta un socio y un aliado eventual mucho menos asimétrico. Y ni qué decir de Rusia, siempre deseosa de mejorar sus relaciones con la enajenada Europa occidental. Pero es que a día de hoy las relaciones de los países europeos serían mejores con casi todo el mundo fuera de la tutela americana —especialmente si pueden levantar una nueva bandera y una nueva causa como la que aquí proponemos, a favor de todas las soberanías, incluida la actualmente sofocada de los EUA.

Hablamos entonces de una legítima guerra defensiva, pero con toda la iniciativa de una gran ofensiva. Y que no se crea que la gente va a lloriquear si le falta un iPhone; por el contrario, nuestras sociedades echan de menos poder recobrar algo de dignidad, de orgullo colectivo y solidaridad, aspectos que en absoluto tienen por qué ir separados. Fernández Ordóñez recuerda que una crisis bancaria como la del 2008 no costó los 40.000 millones de salvar a los bancos, sino más o menos unos 600.000 millones por consecuencias indirectas. Y no hablemos del daño moral hecho al conjunto de la sociedad. Y este es sólo uno de los perjuicios que tiene el actual sistema monetario.

Impulsando internacionalmente la adopción del dinero soberano estaremos ayudando a resolver el apremiante problema de la deuda ahora gestionado por el Fondo Monetario Internacional como otro instrumento más de control. Está claro que las deudas contraídas en el pasado y el paso a un sistema de creación de dinero independiente de la deuda futura son cosas completamente distintas, pero desde el momento en que un país invierte su dinámica de deuda pública las cosas tienen que resultar diferentes.

Se ha dicho que si les quitáramos a los banqueros de las manos el planeta que ya poseen, pero les dejáramos intacto su poder de hacer el dinero, no tardarían mucho en volver a comprarlo otra vez. Esto no puede ser muy exagerado si pensamos que son demasiado pocos para disfrutarlo todo, salvo por el fugaz milagro de la actualización que el dinero justamente representa; así como es sólo desde el presente que constantemente reorganizamos el futuro y el pasado.

Terminar con la llamada deuda odiosa, aquella que los pueblos pagan sin haberla contraído ni haberse beneficiado de ella, es algo absolutamente deseable; pero terminar con el sistema mismo que la hace necesaria una y otra vez es aún más prioritario y deseable todavía. En esto también hay poco lugar para el desacuerdo; sin embargo aquí, como en otras cosas, el cortocircuito del futuro sobre el pasado puede sorprendernos agradablemente como auténtico motor de innovación.

¿Innovación? ¿Qué innovación?

Antes de rozar siquiera este cambio en nuestra expectativa del tiempo conviene comentar algo sobre tópicos tan deteriorados del capitalismo tardío como la innovación y el espíritu emprendedor; tópicos raídos a los que el modelo vigente se agarra con uñas y dientes porque es su última baza para ocultar su cruda desnudez.

Pocas cosas se cultivan y manufacturan hoy con más mimo y detalle en los centros corporativos que la imagen de los fundadores y directores de las grandes compañías —vale decir, pocas cosas podrían ser más falsas en todo ese mundo ya rebosante de falsedad, en el que más de la mitad del valor de las acciones y de las ventas depende de la imagen pública. Sabido es que la misma Internet surgió como una estrategia del ejército para distribuir sus centros de decisión en caso de ataque nuclear; y desde entonces todos los grandes monopolios de la era digital tienen ADN de planificación militar y las agencias de inteligencia.

Al menos de Amazon se sabe que es el principal "contratista" del Pentágono y de la CIA. Pensar que tipos como Zuckerberg o Musk, por dar sólo dos ejemplos, han creado monstruos prácticamente de la nada es sencillamente ridículo, como es ridículo pensar que estos y otros de sus colegas se encuentran entre las fortunas de más peso en el mundo. El mero hecho de aceptarlo ya nos sitúa en la liga de los primos. "¿Esta gente peligrosa?" Naturalmente, decir la verdad no ayudaría mucho a las cuentas de resultados.

Y está claro que tales fachadas y testaferros no sólo benefician a las compañías y a la balanza de pagos americana, sino sobre todo a la fe en el bendito sueño americano de nuestras delicias. Nada más sagrado, y nada más digno de un poco de Relaciones Públicas, definidas ya hace cien años por sus emprendedores fundadores como "el programa de acción para ganar la aceptación pública". Desde entonces, con varias generaciones de cine de Hollywood, los guiones no han dejado de refinarse, y el resultado es… bueno, no muy diferente del calculado.

Un día sí y otro también nos enteramos de que Facebook está aceptando dinero oscuro para promover "iniciativas disruptivas" en política, pero ¿no podría ser que sean los que están detrás de la compañía los que las estén promoviendo con el mayor de los celos? Claro que si encima pueden conseguir dinero mejor que mejor. Aparte de su propia imagen, el nuevo grado de subversión es la verdadera innovación de estas marcas. Los algoritmos de búsqueda de Google sólo son un refinamiento y expansión de los criterios de búsqueda utilizados antes en investigación científica; la verdadera novedad de esta compañía es el grado de ocultación conseguido. Google es más falso que… uno no encuentra la palabra. Por el contrario, habría que decir de algo que es más falso que Google, puesto que son ellos los que han elevado los estándares de falsedad.

Schumpeter vaticinó el agotamiento del capitalismo por pérdida del impulso emprendedor en un medio adverso y se ha hecho todo lo posible por ocultar la pertinencia de esta previsión que realmente pone el dedo en la llaga. Y es que bien poco queda para emprender en un "ecosistema" que lo que intenta es comprar y controlar desde arriba cualquier cosa que pueda competir, y donde las ganancias ya están maximizadas a la séptima potencia. El espíritu emprendedor que hoy se vende ya sólo pretende que cada cual se busque la vida como pueda.

Claro que siempre se trata de ser inspirador. Pero el mal llamado capitalismo de la vigilancia, por lo demás, no sólo está instalado en las compañías tecnológicas; hoy es imposible saber el número de personas que reciben algún tipo de nóminas del entramado de agencias de inteligencia, defensa y seguridad del país, pero que, hasta en las estimaciones más conservadoras, asciende a varios millones de personas. No está mal para una sociedad que tanto critica el gasto gubernamental, si bien parece ser que a la hora de proteger la propiedad y el privilegio todos los cuidados son pocos. Cosas como éstas, más que ser peculiaridades del sistema americano, son cada vez más el telón de fondo sobre el que se proyecta todo.

Es como los famosos 21 billones de dólares (trillones en América) faltantes en las cuentas del ejército estadounidense. Naturalmente, estos 21 billones no se refiere a que haya un agujero de 21 trillones, pues eso superaría al gasto total de defensa en todos estos años; de lo que se trata, es, nada más, que de 21 billones en transacciones imposibles de justificar o rastrear. Después de estas tranquilizadoras aclaraciones la gente ya puede volver aliviada a sus quehaceres.

Cosas como estas no son sino ligeras pinceladas en torno a la nueva economía de plantación en el que el peso muerto de los factores improductivos pendientes de vigilar los recursos se sobreponen al resto de la economía. Semejante estado de cosas contiene implícitamente la rapacidad y la malignidad. Ante la evidencia de esta economía cada vez más improductiva, ya sólo queda proyectar la imagen de una creatividad sin límites donde cada nueva jugada es siempre más "revolucionaria" que la anterior y también más irrelevante.

En los Estados Unidos a la generación del milenio ya se la conoce como "la generación quemada". Son el último relevo en llegar al mundo laboral-real tras innumerables endeudamientos y estudios, haciendo un ímprobo esfuerzo cada día simplemente para no ser drásticamente evacuados del sistema. Muchos de ellos están votando ahora por la curiosa forma de supremacismo encarnada en su presidente como un recurso desesperado para rebelarse contra su destino, y es sólo cuestión de tiempo que comprendan definitivamente que, como dice Jorge Majfud, hoy hasta los blancos más blancos se han convertido en los negros de un 0,1 por ciento de la población. De poco les valdría que su país mantuviera su hegemonía a costa de su situación, lo que ya es precisamente el caso; ellos terminarán inclinando el fiel de la balanza en los próximos años.

Decir que hoy en los EUA la innovación es lo que menos importa sería faltar demasiado a la verdad de las cosas; sería más certero decir que se esperan en vano las virtudes regeneradoras de la innovación cuando la prioridad absoluta es mantener el terreno ganado y hay muy poco espacio permitido para la "destrucción creadora" de la que hablaba el conservador economista austriaco. En estas condiciones futuro y pasado, agua y fuego están separados, no hay interpenetración ni alumbramiento posible, no hay horizonte para el acontecimiento. "Después de la consumación", sentencia la penúltima coyuntura del Libro de los Cambios.

A pesar de su perpetua confusión, fuerza y poder son cosas antagónicas. La fuerza es capacidad de coerción y el poder por el contrario es la capacidad de suscitar adhesión. Unido íntimamente a la posibilidad de ascenso social, apelar a la innovación es el último recurso que al capital le queda para suscitar adhesión en el imaginario moral. Y lo que ya está descubriendo bien a su pesar esa generación quemada es que ni el ascenso social ni la innovación tienen hoy virtualidad. Dentro y fuera de sus fronteras, a los Estados Unidos ya sólo les queda recurrir a la fuerza y todos los excesos de despliegue y proyección que no alcanzarán a ocultar la realidad de las cosas.

Por supuesto que el resto de los países occidentales no tienen una deriva muy diferente, pero al disponer de menos fuerza y tener la suerte de padecerla están obligados a buscar otras salidas y a ser, verdaderamente, más creativos si es que quieren tener algún futuro. Siempre ocurre que lo que labra tu ascenso es lo mismo que te impide luego evitar el descenso, y eso es lo que hace que los Estados Unidos sean hoy el país menos indicado para buscar innovación y competitividad, y no digamos ya auténtica creación. Por más que intente no perderse ni una, a este torpe gigante todo le pilla con el pie cambiado. Ahora mismo y por algún tiempo seguir su estela es la peor de las ideas.

El objetivo de fondo de los grandes monopolios digitales es realizar el viejo sueño dirigista y totalitario de un circuito cerrado en realimentación con los átomos sociales con el que dar forma al conocimiento y con él a todas las cosas: un "círculo virtuoso" que pueda verter cualquier cosa que llegue de fuera en su marco autorreferencial con sus propios parámetros. Lo más opuesto que quepa imaginar a un libre espíritu de innovación, aunque con su novedad propia: la subversión completa de los mecanismos de adhesión en los que hemos cifrado el poder. La inversión total del liberalismo se ha consumado.

La moderna paradoja de la innovación es que la auténtica innovación social sólo puede darse en los terrenos que no están regidos por la lógica del beneficio, justamente donde menos se la espera —o donde menos le interesa al capital. Del lado de las ganancias ya sólo queda apurar el vaso. ¿Cómo salir de este impasse? Las monedas propias son la forma más directa de atender estos "intersticios" a menudo más básicos y amplios que las pistas rodadas de la economía visible; ellas son un instrumento para toda esta economía paralela, verdadero contrapunto de la banca paralela en la sombra con la que no tiene otro contacto que esa huidiza línea que separa la creación de valor de la especulación.

Por definición la economía de deuda no puede significar otra cosa que la hipoteca del futuro, así que hablar en estas circunstancias de innovación y apertura tiene mucho de grotesco. Cuando la pila de deuda ha adquiridos proporciones de montaña el futuro mismo ya está trabajando hacia atrás y está entorpeciendo el flujo natural de las cosas. Como mucho, se puede aspirar a explotar esta situación al máximo, tal como se hace con la creación del dinero-deuda actual, justamente para transferir las pérdidas a los que no están en las élites. Nuestro sistema económico actual tiene menos salidas para el problema de la deuda que en tiempos del Código de Hammurabi hace 3.800 años —lo que demuestra que hablamos de innovación para no plantear una renovación.

Somos los grandes fundamentalistas de lo irreversible, y no es por otra cosa que hemos llegado tan lejos; y sin embargo todas las leyes a las que atribuimos el funcionamiento de la naturaleza, las leyes físicas fundamentales, se basan en una preceptiva reversibilidad. ¿No es esto extraño? El positivismo científico, que no la ciencia en sí misma, ha terminado por reducir su idea de la naturaleza a lo encuadrado por la predicción, que aquí cumple exactamente el mismo papel que la ganancia en nuestra economía. Y esto, salido antes de nuestras prácticas que de nuestra teoría, ha terminado por tener un impacto enorme en lo que estamos dispuestos a contemplar e ignorar en nuestra relación con la naturaleza y en los límites que la tecnociencia perfila sobre nuestra sociedad.

La plenitud de los tiempos y la manzana de la inmortalidad

Según una visión muy superficial de las cosas a la que no dejan de adherirse tantos intelectuales, la época de la religión y del arte ya pasó, y hasta podría pasar la época de las democracias representativas, pero siempre nos quedará la ciencia y la tecnología para superar un límite tras otro con su ímpetu imparable. Mi opinión por el contrario es que la ciencia e incluso las tecnologías están en un callejón sin salida manifiesto y el estancamiento y la burocratización reinan supremos delante de nuestros ojos. Sólo el bombo de los medios nos hace creer en los espejismos de la aceleración constante.

No, movimiento y "dinamismo" no falta en nuestra ciencia, pero paren las montañas y sale un ratón. ¿Qué se sabe de nuevo sobre la masa y su origen después de la saga del último acelerador y el "descubrimiento" del "bosón de Higgs"? Absolutamente nada de nada, por más premio Nobel que se repartiera. ¿Qué se sabe de nuevo sobre la gravedad después de la supuesta detección de ondas gravitatorias provenientes de un "agujero negro", y que para algunos es imposible porque supera con mucho los límites del movimiento atómico y su indeterminación? Absolutamente nada de nada, por más premio Nobel que se repartiera.

Newton descubría más cosas una lluviosa tarde de domingo que las que pueda a aspirar a descubrir un físico hipermediático de hoy en toda su vida. Llámalo si quieres rendimientos decrecientes; pero el problema no es que andemos a hombros de gigantes, sino que llevamos a los gigantes a nuestros hombros. Newton, el que no fingía hipótesis, no era sino un positivista *avant la lettre* que sin estipularlo ya justificó a las teorías por su alcance predictivo y en eso seguimos. Sólo que antes de una sola ecuación se seguían infinitas predicciones y ahora se necesitan los más sucios sistemas de ecuaciones para no acertar a predecir una cuestión particular. Sí, los tiempos son muy distintos, no cabe duda, pero si son tan diferentes, ¿por qué no cambió un poco más la mentalidad?

Pues probablemente porque el sujeto político moderno no ha sabido salir todavía del tapete extendido por el liberalismo de cuyo nacimiento Newton fue contemporáneo. El mismo Newton que fue director de la Casa de la Moneda en los primeros años del Banco de Inglaterra; el mismo Newton que dirigió con mano de hierro la Royal Society, el primer gran *think tank* anglosajón, y lo convirtió en una máquina de guerra científica y que entendió como pocos, tras Bacon, que la ciencia es poder, y no sólo poder sino también prestigio. La ciencia es después de todo una labor colectiva y no basta con que uno entienda las cosas por su cuenta, debe haber una plataforma de acuerdo sobre la que dirimir y producir conocimiento. La plataforma newtoniana es la más antigua y sólida de todas las que soportan el sistema actual, y ciertamente no está exenta de arbitrariedades que no se han sabido movilizar hasta ahora.

Entiéndase bien que no hablamos aquí tanto de lo correcto o no de una teoría como del criterio previo para darla por buena, que en este caso es la predicción. Ésta cumple exactamente el mismo papel que el beneficio en economía y de aquí se sigue de suyo toda la deriva de formación, establecimiento y diversificación que caracteriza también a los imperios económicos, con su inexorable ley de rendimientos decrecientes. Dicha ley no sería inexorable si y sólo si hubiera un cuestionamiento del supuesto fundamental no sólo en la teoría sino también en la práctica.

El caso es que con Newton los criterios puramente empíricos y utilitarios se revistieron de indumentaria matemática y desde entonces se ha producido una irremediable confusión entre ambos, de forma idéntica a como en la física de los Principia, anteriores a la Revolución Gloriosa, se refleja una fusión del absolutismo francés con el incipiente liberalismo inglés. Se trata de una prodigiosa cristalización a la que aún no hemos sabido darle la vuelta, por más que el tiempo y la incansable actividad hayan hecho cuanto podían por desgastarla.

Hoy el interés por el poder explicativo de la ciencia y el nivel de la teoría ha decaído hasta tal punto que si no fuera por su asociación con las tecnologías habría que decir que es ya un tema muerto. Esa es realmente la Edad de Oro de la Ciencia en que vivimos. Los físicos en vano se desviven por poder transmitir al público el significado de sus investigaciones puesto que en el fondo ni ellos mismos lo saben. La representación y el sujeto que la representa se han pulverizado. La lógica de la predicción ha llevado salto por salto a prescindir de todos los vínculos de la razón y ahora lo que hay es una indescriptible torre de Babel.

La empresa científica moderna es profundamente irracional, puesto que en ella la razón es sólo una herramienta; de ahí que un irracionalista como Spengler haya podido calar su declive como no lo ha podido hacer ningún teórico de la ciencia posterior. De hecho, hasta podría considerarse que la voladura de la razón ha sido el más grande de todos sus logros, con lo que difícilmente pueden quejarse los hombres de ciencia sobre la irracionalidad de la cultura moderna y las distorsiones que el público hace de su labor —nadie ha "trascendido" la razón como ellos.

Algunos de ellos, desesperados por justificar su empresa, aseguran que la meta, e incluso la "excelencia" de la ciencia, no estriba en la racionalidad sino en la inteligibilidad. ¿Pero qué inteligibilidad puede haber cuando eres incapaz de explicarle a alguien en qué estás trabajando? Y no será porque no lo intenten. Claro que no puede ser de otra manera puesto que lo que se enseña a lo largo de toda la carrera y práctica científica es a saltar sistemáticamente por encima de cualquier cosa que necesite explicación con tal de llegar al resultado deseado. Una tendencia que incluso ha colonizado a la misma matemática con el pretexto de convertirla en una ciencia "orientada a la resolución de problemas", lo que ciertamente siempre fue una de sus piernas.

El problema es que con una sola pierna no se anda sino que sólo se pueden dar saltos descompensados. Es lo que ha ocurrido en disciplinas como la física, que, muy comprensiblemente por lo demás, han tenido pavor a mirar hacia atrás y quedar empantanados en problemas bizantinos sobre el significado y los fundamentos. De aquí la forma típica de avance a impulsos, con revoluciones, estancamientos y nuevos cortes espistemológicos, que recuerda, con un ritmo de explotación diferente, la teoría de los ciclos de negocio y económicos.

Si incluso mentar la inteligibilidad ya es patético, no digamos nada hablar de universalidad. Pero esa universalidad que es la aspiración más elevada de la ciencia se ha transformado, por el contrario, en pretensión sobre la amplitud de su alcance y dominio, giro típico del expansionismo y de la conversión especulativa de pasivos en activos. Aún no nos ponemos de acuerdo en el valor de la constante de la gravedad en la Tierra con una precisión mayor de una parte por mil, pero pretendemos hacer cálculos con una precisión de doce cifras decimales a diez mil millones de años luz.

Para qué seguir si la ciencia nos aburre; si lo único que nos importa es conseguir cosas. Y aquí viene lo gracioso. Porque si la ciencia ya sólo nos importa como base de la tecnología, resulta que la técnica ya no tiene patrón, puesto que el sujeto ya fue pulverizado. Ortega decía con razón que la técnica sirve siempre a un tipo de hombre, y tiene por tanto una precondición antropológica. Seguramente, la presente deificación de la tecnología responde al hecho de que el hombre ya no existe o en cualquier caso su fondo se ha perdido de vista.

Tal sería el hombre-dios de las divagaciones de los transhumanistas, que no pueden encontrar verdadera resistencia porque la cuestión ya no es la superación de lo humano, sino que por el contrario éste es un factor que cuenta sólo por los límites técnicos que plantea. La némesis del utilitarismo que aplicamos durante siglos a la Naturaleza sólo puede llegar como experimentación en carne viva con el hombre.

Pero resulta que, ahora que la vía se halla despejada y libre de cualquier molesta referencia, los problemas técnicos se acumulan. Cuando ya el hombre no estorba, la naturaleza demuestra ser extremadamente díscola a la manipulación en detalle, un auténtico quebradero de cabeza. Los medios nos informan continuamente de las increíbles nuevas posibilidades que se abren, pero hablan poco o nada de cómo las dificultades se acumulan; tampoco es que pueda esperarse otra cosa de ellos. No es que falten los científicos que adviertan sobre lo segundo, pero se prefiere escuchar a los que auguran milagros.

Para ir un poco más al grano, las grandes promesas de la tecnociencia moderna ni pagan ahora ni van a pagar. Todo lo contrario, nosotros las vamos a pagar. No se comprende nada de lo que se está haciendo; en campos como la biología, la genética o la medicina por el contrario el procedimiento básico es hacer que nosotros paguemos en carne propia los experimentos para aprender con ellos —y es que esta es la única forma posible en cuestiones de tal complejidad. Naturalmente, un proceso así de ensayo y error, Bacon con ordenadores y matemática estadística, es terriblemente errático y lento. La falta de principios se paga, y en este caso hay que pagarla muy cara.

Una obra como la de Nassim Taleb, con la entronización del *stochastic tinkering* o manipulación estocástica, tenía que llegar; no es casualidad que la única obra viva sobre el conocimiento científico actual provenga de un financiero como él. Desde los años noventa se apreciaba una masiva migración de licenciados en física teórica a Wall Street, nada sorprendente si comprendemos que en ambos casos se trata de una idéntica mentalidad de especulación frenética; el llamado método de Montecarlo estaba firmemente establecido en física mucho antes de que empezara a hablarse del casino financiero global. Luego ha venido la migración no menos masiva de los matemáticos a las plantaciones del *big data*, donde tienen que poner los más abstractos conocimientos al servicio de la menos universal de las metas. Una vez más, la inversión total se ha consumado.

Resulta notoriamente difícil sondear el estado actual de la investigación científica ya que la inmensa mayoría de los investigadores bastante tienen con mantener su puesto de trabajo y los que pueden permitirse la crítica están alejados de los centros de decisión, difusión y relaciones públicas. La presión por la conformidad es enorme y está firmemente dirigida desde arriba por un amplio equipo de gestores, burócratas y difusores. Y además, con el aluvión de malas noticias que tenemos en todos los frentes nadie quiere privarse del consuelo de que en algunos campos estemos mejorando.

El mismo perfil altamente burocratizado de la investigación, sea pública o privada, ya nos habla con suficiente elocuencia del grado de innovación permitido. El investigador y el docente son los últimos monos, la gente importante de la ciencia de hoy no se mancha las manos con esas cosas. Naturalmente, se procura explotar sus ganas de hacer algo nuevo o su arribismo tanto como sea posible, pero siempre después de haber pasado los numerosos filtros de lo que se considera conveniente y políticamente correcto —y aquí el término "política" tiene un sentido sólo inteligible para los de la casa. Los métodos y criterios de publicación, con censura anónima, dirigen con mano diestra los temas y los frentes de ataque por donde interesa.

Ésta es sin duda una apresurada caracterización de la Gran Ciencia moderna, y espero que se me disculpe la simplificación. Pero los de dentro, por más que deban atender a sus intereses corporativos, saben de sobra de qué estoy hablando. Así, cuando se habla de la gran vitalidad de la tecnociencia americana y anglosajona y del prestigio incomparable de sus instituciones y universidades, mecas universales del talento, la innovación y la creatividad, también hay que saber de qué se está hablando.

De lo que se está hablando es simplemente de que estos centros y empresas sí están atrayendo talentos en gran número, no necesariamente a los mejores y más críticos, pero sí a esa mayoría que está dispuesta a jugar. Otra cosa completamente distinta es el rendimiento que puede tener ese talento en unas estructuras que favorecen la innovación en una sola dirección y no en otra que por fuerza se tiene que percibir como antagónica.

La paradoja de la innovación científica hoy es la misma que la paradoja de la innovación social y empresarial; si en éstas últimas la verdadera innovación está allí donde no impera la lógica del beneficio, en la ciencia se encuentra allí donde no prevalece la lógica de la predicción, esto es, la domesticación de la teoría conforme a sus resultados inmediatos. Pues cae por su propio peso que la búsqueda de resultados inmediatos tiende a apartarse de lo universal para buscar recetas y trucos expresos ad hoc, que abundan incluso en nuestras más celebradas ecuaciones. El talento tiene que pasar por el más estrecho de los embudos y enfocarse en lo más particular, lo que supone una forma muy definida de talento y no ciertamente de las más elevadas.

Dicho con otras palabras, todo esto de las gloriosas instituciones es mucho más cuestión de relumbrón y prestigio que de realidad; asunto de bombo y de marketing como casi todo lo demás en la gran burbuja americana. ¿Y cómo podría ser de otra forma, cómo podría sustraerse al clima general? A la ciencia se le tienen tantos miramientos porque sólo nos llegan sus relaciones públicas, porque no entendemos casi nada y porque siempre andamos necesitados de esperanza. Y naturalmente, porque los mismos científicos son los primeros que tienen que creer en ello.

La domesticación de la teoría por sus resultados inmediatos, el inexcusable y comprensible oportunismo que tiene que primar en la investigación, es el principal responsable de que luego se hagan necesarios cortes y rupturas y que el régimen de progreso en general sea por impulsos o "revoluciones". Lo que se pierde entretanto no es otra cosa que el hilo de continuidad, que conlleva la inteligibilidad, y que nos hace percibir la universalidad. Toda promoción de lo revolucionario en la ciencia es de suyo relaciones públicas, puesto que cada "revolución" no es sino un nuevo sacrificio de universalidad añadido a otros anteriores de dudoso sentido, fondo y naturaleza.

Lo único revolucionario en este contexto sería hacer lo contrario de lo que hoy se hace, es decir, buscar ese hilo de continuidad que es mucho mayor del que suponemos. En ciencia, ese hilo de Ariadna con su camino retrógrado conduce por vueltas y revueltas sucesivas directamente hasta Newton, en cuyos Principia se haya la gran cristalización, coagulación o "acumulación originaria", no ya a expensas de los semejantes sino de la Naturaleza y nuestro comercio con ella. Sólo cuando comprendamos cabalmente la influencia del pasado estaremos en condiciones de contrarrestarla; Newton ha influido en el resto de las ciencias más que todos sus fundadores, en la biología más que Darwin, en la economía más Turgot y Smith, y en las ciencias de la computación más que Turing y von Neumann juntos; y si no somos capaces de verlo, es porque aún no hemos descongelado el capital que su momento oculta.

Hay que volver de lo particular a lo general, usando las facetas de lo particular como multiplicada lente de aumento. Ni siquiera es necesario cuestionar la física de Newton; basta con reconducir muchos problemas modernos hasta su "otro origen" para empezar a tener una doble vista que es vital en medio de toda esta confusión. Compensa por sí mismo ver trasparecer la física clásica en las insolubles perplejidades de cosas como la mecánica cuántica, algo que están logrando físicos como Nicolae Mazilu, con resultados que ya son llamativos en sí mismos si bien sólo son el comienzo de un gran proceso de desocultamiento.

La versión estándar en la estimación del crecimiento del conocimiento científico nos dice que éste se duplica cada 15 años, lo que significa que la masa de conocimientos acumulados por nuestra presente sociedad es unos 4 millones de veces el que tenía el autor o autores de los Principia cuando la obra se escribió. Y sin embargo estos Principia son ya una obra sumamente compleja y oscura, difícil de leer y suturada por doquier, saltando sin apenas ruido sobre todo tipo de suposiciones y abismos. Si el investigador teórico de hoy, anulado por el control burocrático en la más completa irrelevancia, quisiera multiplicar por varios millones de veces el alcance de sus desvelos y trabajos, sólo tendría que tratar de buscar la continuidad más escrupulosa de su objeto de estudio con el capital congelado original. Aunque esta afirmación parezca una broma, si se entiende *cum maximo salis grano* no tiene nada de desatinada.

El problema no es que no haya talentos, el problema es que no pueden levantar la tapa de hierro que los aplasta. Sí, todo es una invitación a la originalidad, pero en una sola dirección y sin permiso para mirar a los lados, y los premios grandes suelen estar adjudicados antes de que uno se anime a empezar. En un artículo pasado afirmaba que hoy bastarían un centenar de investigadores independientes para cambiar por entero la faz de la ciencia, y lo sigo pensando aunque no vendría mal que fueran quinientos o mil. La mecánica cuántica la crearon diez o doce profesores escribiéndose cartas y reuniéndose de vez en cuando, sin mayores fuentes de financiación adicional. Como ya conocemos el margen de maniobra de la ciencia realmente existente, hay que buscar una estrategia completamente distinta de acción.

Hoy el multiespecialista, el que se ha formado en distintas competencias y no ha depositado su destino en ninguna de ellas, parece la única fuerza con músculo suficiente y la perspectiva necesaria para no tener que hacerse cómplice de las enormes inercias y mecanismos de frenado de los especializados feudos en su inevitable y triunfal proliferación. Autores como Mazilu pertenecen a esta categoría, y aunque ahora mismo parezcan desesperadamente aislados, la perspectiva es contagiosa y el espacio que se va abriendo tiene lo más importante para ganar la atención: saber dónde hay que buscar las cosas, que no es otro lugar que allí donde surgieron, y no en revoluciones y rupturas que sólo sirven para distraernos.

Por tanto este nuevo sujeto científico disperso tiene que encontrar su forma de coalescer sin perder su preciosa independencia. Que las instituciones dominantes no van a ayudar ya es algo con lo que se cuenta, y que incluso tendría que servir de estímulo. Lo más interesante de todo es que no se sabe qué puede surgir cuando se descorra el astro de este eclipse.

Sabido es que los años que preceden a la constitución de la Royal Society están animados por los llamados, desde Boyle, "colegios invisibles", posiblemente inspirados en la baconiana "Casa de Salomón" que se describe en la Nueva Atlántida y activados por personas como Samuel Hartlib, al que se ha llamado "el Gran *Intelligencer* de Europa". No es imposible que asistamos ahora algo similar aunque de signo distinto; de hecho, y dadas las condiciones, es lo que cabría esperar.

En cuanto al legendario gentleman Sir Isaac de tantas prolíficas tardes lluviosas y de las mil anécdotas apócrifas, descubridor de la gravedad, padre de la mecánica, creador del cálculo o análisis matemático, fundador de la óptica, conquistador del binomio que lleva su nombre, revelador de la ley de difusión del calor, saturnino ilustrador de sus propios anillos cromáticos, constructor de telescopios y variados artilugios, estudioso obsesionado por la alquimia hasta el punto de decirse que la física fue para él una distracción y legador de miles de páginas de ilegibles manuscritos, especulador de las medidas del Templo de Salomón y escrupuloso calculador de la cronología bíblica y del fin del mundo y el Apocalipsis, director de la Casa de la Moneda y la Royal Society, diseñador de barcos y teólogo arriano y antitrinitario... qué quieren que les diga. Me parece realmente increíble que nos hallamos podido tragar algo como esto. Sólo les faltó decir que escribió las Constituciones de Anderson y las narraciones de Swift.

Ha existido una industria de Newton como la sigue existiendo de Shakespeare, los dos pilares de la mitomanía inglesa y su incesante, compulsiva reinvención de la tradición. El cisne de Avon, un iletrado hecho a sí mismo que dejó una obra heteróclita con un vocabulario de 28.636 palabras distintas, a enorme distancia del resto de los autores de lengua inglesa incomparablemente más cultivados. Si en el caso del dramaturgo existe al menos una abundante y culta disidencia que se ha negado a comulgar con ruedas de molino, lo que sorprende es que no haya levantado sospechas el perfil del hombre de la manzana nacido para colmo un 25 de diciembre. Cuando estas cosas aparecen en hagiografías y escrituras sagradas, el juicio suele ser inequívoco: hablamos de la creación de mitos. Sin embargo aquí no tenemos reparos en creer en la versión literal.

En el caso de Shakespeare, dada la amplitud de vocabulario y las diferencias de estilo entre las obras, parece que lo único razonable es las diferentes autorías bajo un nombre común tras el que habrían elaborado Marlowe, Bacon, y otros apellidos de la nobleza. La propaganda de la dinastía reinante habría hecho más aconsejable el anonimato para unas obras cuya leyenda se ha ido creando con el tiempo y cuya grandeza no siempre está en proporción inversa a su leyenda. En el caso de Newton, nombre que suena ya a anagrama de Naturaleza, e incluso a "nueva fundación de la Naturaleza", parece haber una armonía preestablecida tras el telón de los hechos referidos: el Annus Mirabilis de 1666, los grandes nombres británicos en el origen del cálculo —Isaac Barrow, Gregory, Wallis, la cercanía a Halley y Wren, a Pepys y a Locke, la dirección de la Sociedad Real y la amistad con hombres como el Desaguliers de la Gran Logia de Londres, que fue su primer divulgador y hagiógrafo...

A diferencia del caso del dramaturgo, no es desde luego imposible que los Principia fueran escritos por un solo autor ni que éste fuera el tal Isaac Newton que ha sido registrado en las actas; todo lo demás sería básicamente un embellecimiento y engrandecimiento progresivo de la industria cultural y de la mitomanía, más que del pueblo inglés, de una cierta clase entregada en cuerpo y alma a la idea de supremacía y de la Misión; pero en cualquier caso parece mucho más interesante, en ese entorno de patentes intrigas, y habida cuenta de lo importante que es en ciencia la colaboración, la hipótesis de una cierta convergencia colectiva amparada bajo un mismo nombre. Por lo demás, tampoco dejo de creer en el genio individual, aunque esta gran obra le deba al menos tanto a una aplicada labor de costureros como a lo primero.

No sobra recordar que en la época de su publicación los Principia no convencieron a nadie y que entonces se antojaron más un programa de investigación que un libro portador de algún gran descubrimiento. Tal era la competente opinión de Leibniz, Huygens y otras lumbreras de la época. De hecho fue el despegue del cálculo, lenguaje que los Principia habían dejado de lado, lo que empezó a dar plausibilidad a tal programa superando la reticencia ante los abismos sobre los que sobrevolaba. Newton y sus acólitos no dejaron de notarlo y, ya un cuarto de siglo más tarde emprendieron una batalla campal sobre la paternidad del cálculo de la que lo único cierto es que Leibniz fue el primero en publicar.

No es fácil falsificar catedrales góticas, pero los manuscritos no presentan mayor dificultad, especialmente en un nido de subastadores, anticuarios y devotos artesanos. Nunca haremos justicia a la diligente pasión por la falsificación y las máscaras de esta mercurial e industriosa clase londinense a pesar de todo lo que hemos recibido de ella. Quién podría dudar de nada que venga de la ciudad de la niebla, especialmente si tiene mucha difusión.

Nada de lo cual quita para llevar toda la física actual a que mire de nuevo en dirección a los Principia. Y en realidad, y a pesar de trabajos como los de Mazilu y otros defensores de una cierta "física neoclásica" que nada tienen que ver con mi pasada digresión, es difícil discernir si el misterio de la recapitalización estriba en los Principia mismos o más bien en el hecho general de mirar hacia atrás desde la ventaja de una ganancia que se antoja irreversible.

Sería oportunista criticar el oportunismo de los científicos que en su día hicieron avanzar la ciencia; ellos no tenían la perspectiva que nosotros tenemos y la perspectiva ya es la mitad del conocimiento. Lo que resultaría lamentable, si no fuera inevitable, es la imposibilidad que existe bajo el férreo control de las actuales estructuras de aprovechar esa perspectiva para hacer algo distinto, para recuperar la continuidad y con ella su propia herencia. Y es que dichas estructuras e instituciones son no sólo monstruos burocráticos sino también monstruos hechos de tiempo y congelados en él, con todos los estratos de sus revoluciones. Bendito el que teniendo talento puede trabajar fuera de ellas.

Las intenciones neoclásicas de algunos físicos modernos no tienen nada que ver con tentativas de deconstrucción y desobjetivación filosóficas que ya han sido de sobra practicadas, sino con desarrollos posibles de la física que o no fueron adoptados o fueron relevados por otros siempre más agresivamente positivistas, y por lo mismo, más necesitados de nuevas ontologías y asunciones. Sin embargo, el hecho de variar la juntura entre las constelaciones de hechos y realidades matemáticas permite entrever cosas con las que la filosofía no ha soñado o no ha logrado hacer circular.

Los principios nos separan del principio. Hoy sabemos que se puede construir diversas réplicas matemáticas de toda la física newtoniana o de la relatividad general con idénticas o similares predicciones sin emplear para nada el principio de inercia, ¿Pero qué lo libraría a uno de la inercia mental en favor de la idea de la inercia? El sujeto-principio desaparece en favor del imperio de las conexiones y es el peso de éstas lo que prevalece. No se puede dar la vuelta a desarrollos que han llevado tres o cuatro siglos en tres o cuatro años; sin embargo, desembarazados de ciertos compromisos, tenemos una inmensa libertad para girar y aplicar la fuerza a discreción en uno u otro punto. Esto también hace concebible el alisamiento del espacio increíblemente arrugado de la ciencia contemporánea.

El interés de uno por la ciencia no está relacionado con el poder sino con la erótica del conocimiento. De la ciencia uno quiere, quien sabe si porque la ve como madre ideal de una futura humanidad, un terso cuerpo y unas bellas acciones, no el funcionamiento de sus entrañas. El idilio de la ciencia con el poder ha sido tal que el impulso erótico de los científicos se ha reducido a un mínimo, ha muerto o se ha literalmente congelado. Progresar desde atrás es necesario para reactivar este instinto.

El físico y la física tienen metas diferentes. Esta vez no va ser ella la que de a él el hilo para ir a matar al dragón; ni tampoco, con esa manía por invertir sin más las cosas, va ser ella la que avance para matar a un monstruo mitad hombre y mitad bestia. Ariadna la resplandeciente es ahora una horrible hembra peluda con ocho ojos y patas y fauces con forma de tijeras, pero así es la vida, y así es como las cosas se buscan a sí mismas. Incluso este indeseado andrógino nos habla de la frustrada interpenetración de lo externo y de lo interno, del poder y la belleza trabados a medio camino. No pensamos matarla ni darle la estocada de la cruz a la bola, aunque haya cruz y haya bola; bastará con calarla, bastará con conocerla para que se convierta en otra cosa.

Dado que estas disquisiciones pueden sonar demasiado espesas y ambiguas para los amigos de la resolución de problemas vamos a pasar ahora a un plano más concreto para simplemente comentar alguna de las grandes lagunas de las estrategias de investigación en diferentes áreas que no se arreglan con superficiales cambios revolucionarios sino que requieren una transformación profunda de las bases supuestas:

Genética. Ya el nombre es, más que engañoso, una calamidad. Prácticamente supone que la vida es una invención de los genes, en lugar de ser los genes una creación de la vida. El ADN como la molécula milagrosa con su alfabeto, su escritura y su programa: puro fundamentalismo de la religión del Libro, incluso con su Dogma Central de la biología molecular. Dogma por cierto que las enzimas, que son las creadoras de los genes, se pasan continuamente por sus partes: el mismo gen "codifica" proteínas muy diferentes en función de las condiciones del ambiente, que ciertamente no son igual de aislables. "Genética" sería el nuevo nombre de la eugenesia si no fuera algo todavía mucho peor: la vida como objeto viralizable y violable a voluntad. Y como la teoría/dogma pretende ignorar la evidencia de todo lo que no es controlable, sólo nos queda esperar a los monstruos.

Neodarwinismo: nos hablan continuamente del peligro de los reaccionarios creacionistas para que nos olvidemos de las críticas genuinas a su castillo de naipes y a sus conceptos vacíos de selección natural que en realidad sólo sirven en su traducción al darwinismo social. El mismo Darwin admite al comienzo de su obra, santa simplicidad, que sólo se propone llevar a la biología los supuestos económicos de Malthus. En realidad todo el magno edificio de la teoría de la evolución tendría que considerarse pura industria cultural, especialmente para los positivistas, puesto que su valor predictivo ha sido, es y será nulo. No hay forma más clara de definir una ideología. Y dado que su valor descriptivo reside en el puro coleccionismo, puesto que las transiciones siempre piden un principio, que estaría gobernado por... la genética. Esta es la gloriosa síntesis neodarwinista.

Economía neoclásica hoy todavía imperante: otro escandaloso corte epistemológico en pleno conservadurismo del siglo XIX para olvidarse de casi todo lo que podía haber de bueno en la teoría económica de entonces. La ficción se encuentra con las matemáticas y tienen un idilio de cuatro generaciones con las ecuaciones diferenciales para no llegar a decirnos ni cómo se crea el dinero, ni de dónde sale el beneficio, ni qué papel juega la deuda en la economía. Otro formidable edificio que debe inspirarnos pasmo y admiración. Sólo la forma falaz de mezclar continuamente la vacuidad de los modelos con los aluviones de datos cuantitativos nos invita al espejismo de creer que hay aquí algo relacionado con los hechos.

Cosmología: gran castillo de naipes que no debería pretender tener valor predictivo alguno, sino en todo caso descriptivo, y sobre todo ultraespeculativo. La teoría del Big Bang reedita a lo grande el creacionismo y nos sitúa por las bravas en un tiempo lineal e irreversible en espera de singularidades, agujeros negros, agujeros blancos, agujeros de gusano y otras patologías que harán las delicias de nuestro bisnietos. Encima se nos asegura que todo esto tiene valor predictivo; lo que no se dice es que, para empezar, incluso la radiación de fondo de microondas fue pésimamente estimada por Gamow y fue calculada con mucha más precisión y muchos años de adelanto por cuatro o cinco físicos que partían del supuesto de un universo estacionario. Ver para creer.

Teorías del todo en física fundamental, como las supercuerdas o la supergravedad. De forma típica, se trata de tragarse el todo de un bocado sin tener que revisar unos fundamentos que "están más allá de toda duda razonable." Aún no se hemos entendido bien qué es un campo, y ya queremos tener el Campo. Todos estos atragantamientos porque a nadie se le permite ya rebobinar. Por no tener, no se tiene consciencia ni del hecho más elemental: que toda teoría de campos, ya sea cuántica o clásica, es global por naturaleza, no local. Locales pueden ser sus predicciones, pero no su base que es el lagrangiano a partir del que se deriva y que sólo puede ser global. Esto es imperativo incluso para el viejo problema de Kepler, aunque no haya un físico entre mil que lo reconozca. Hay en teorías de campos una desconexión básica entre la conservación local y la global, entre la relatividad especial y la general, que evidentemente es previa a las relaciones entre la mecánica clásica y la cuántica pero que parece que ni existiera.

Inteligencia natural e inteligencia artificial. En el colmo de la estupidez, ahora ya se quiere definir la inteligencia como la capacidad de hacer predicciones; como si no tuviéramos ya bastantes anteojeras. Pero esto es tan inevitable y natural como nuestra pretensión de reducir toda la economía al beneficio y olvidarse de explicar el beneficio mismo. Y luego está ya la ridícula monomanía de querer compararnos con un ordenador. Volveré a mentar al psicólogo Robert Epstein: no sólo no nacemos con "información, datos, reglas, software, conocimiento, vocabularios, representaciones, algoritmos, programas, modelos, memorias, imágenes, procesadores, subrutinas, codificadores, decodificadores, símbolos o búferes", sino que no los desarrollamos nunca. ¿Es necesario extenderse sobre este punto?

Basten estos botones de muestra sobre el cómo y el porqué hay algo, hay vida y hay conciencia, más un plus para el único principio de organización social hoy universalmente reconocido, la economía y el dinero. Especialmente curioso resulta que, a pesar de la furia positivista de nuestras ciencias, las disciplinas volcadas en la manipulación y la predicción —teorías de campos, genética- estén acompañadas de un suplemento descriptivo o contemplativo —cosmología, teoría de la evolución— para justificar su marco de acción y darle un sentido al significado y un significado al sentido. Es decir, los aspectos normativos de las leyes predictivas, como las ecuaciones fundamentales de la física o el dogma central de la biología con su secuencia causal, para que tengan algún espesor y conexión con el devenir real de las cosas necesitan un complemento apologético que es absolutamente fundamental para pasar del orden simbólico al imaginario y viceversa. Algo similar ocurre con la relación que se plantea entre la inteligencia natural y la artificial, o entre las idealizadas ecuaciones de la economía neoclásica y su imaginaria superposición con datos y estadísticas.

Podríamos haber añadido, entre otros muchos posibles, uno tan cercano para todos como la medicina, esa enferma incurable a pesar de los ríos de dinero que se le dedican o más bien precisamente por ellos. Seguimos sin tener nada parecido a una ciencia de la salud, la degeneración y el envejecimiento —ni siquiera existe una definición útil de la salud-, es mucho más rentable ampliar sin freno el arsenal de armas contra un número de enfermedades y dolencias virtualmente infinito. Ya mostramos en otros ensayos que una ciencia de la salud es en sí misma perfectamente viable, lo que no parece es compatible con los intereses económicos que ahora dirigen todo.

A la gente le cabe en la cabeza que tales intereses económicos hayan podido distorsionar gravemente campos como la medicina, la genética o cualquier otra cosa fuertemente relacionada con la industria. También puede estar dispuesta a aceptar sin demasiados problemas que la teoría económica es un camelo y un engendro aberrante dispuesto en todo momento a justificar lo injustificable; pero le cuesta más creer que tales distorsiones sean posibles en ramas tan "venerables" como la teoría de la evolución, o no digamos ya la física teórica, a pesar de que su carácter especulativo salta a la vista. Y el problema es que hay una combinación de una parte desaforadamente especulativa con otra parte extraordinariamente bien probada experimentalmente pero también extraordinariamente recortada sobre el fondo. Esta superposición es la principal responsable de nuestros espejismos.

Los tibios debates que ha habido en las últimas décadas sobre el holismo y el reduccionismo en la ciencia moderna han estado mal planteados desde el principio y han hecho un flaco favor a los que aspiran a superar los modernos "paradigmas". Pues la física moderna ya es global en sus planteamientos, y es local sólo en sus interpretaciones y aplicaciones, pero difícilmente puede ser llamada mecanicista. Las ciencias que hoy se deben a la complejidad se beneficiarían mucho más de la física si atendieran más a lo que hay presente en sus principios en vez de atender a las interpretaciones: incluso, quién lo iba a decir, en la medicina entendida como biomecánica.

Las modernas teorías cuánticas de campos, en las que campo y partícula son inseparables, parece que terminan hablando al final sólo de partículas y no de los primeros. Partículas puntuales, vale decir ideales, pues sabemos que la materia ha de tener extensión. La teoría de la partícula extendida no existe porque para empezar, y esto es algo que nunca se dice, es incompatible con una relatividad especial que sólo contempla la conservación local. Y sin embargo teníamos categorías para tratar esto incluso antes de que llegara Planck, en obras como las de Weber o Hertz. No se piense que esto es sólo una cuestión de fundamentos. Ya hoy las nanotecnologías tienen que confrontarse a diario con partículas con dimensiones, aunque bien poco le aproveche hoy a la teoría; pero no tardará en llegar el día en que entenderemos que aquí hay un fulcro para trocar el sentido y el significado de la física entera, pues aquí es donde se sitúa la línea de flotación por la que navega entre lo material y lo ideal.

Si esto afecta a la relación de la materia con el espacio, aún tenemos las más básicas cuentas pendientes en cuanto a la operación de la materia con respecto al tiempo y la causalidad. Tanto la mecánica clásica como la cuántica son reversibles pero la irreversibilidad termodinámica se contempla sólo como un accidente macroscópico, como apenas otra cosa que una ilusión. Es completamente inaceptable que la propiedad más básica que apreciamos en el mundo real quede caracterizada como un espejismo. ¿Y no sería en todo caso más bien al contrario? Lo interesante, tanto en la naturaleza como en el tiempo del hombre y su biología, es cómo se crean islas de reversibilidad a partir de un fondo irreversible, y circuitos cerrados dentro de sistemas abiertos, no al revés. El día en que comprendamos esto habremos superado el fundamentalismo del tiempo lineal y acumulativo que es el supuesto básico de nuestra sociedad.

El mismo cálculo o análisis matemático, por más que haya recibido fundamentación desde Weierstrass, continúa siendo un método heurístico que sostiene supuestos simplemente inaceptables y depende de una colección de convenciones y recetas. Igual que en física, aquí las pruebas y demostraciones de consistencia sólo significan que se puede calcular —predecir- con ellos, no que los conceptos sean naturales ni legítimos. Una velocidad instantánea sigue siendo un imposible que la razón rechaza, y la teoría de los límites, sintética y no analítica, no ayuda en nada para esto. Lo único aceptable es partir del cálculo de diferencias finitas, rama por lo demás ya existente pero cuyas consecuencias están enteramente por depurar. Tampoco esto es sólo un problema de fundamentos puesto que atañe a cosas tan básicas como la teoría de la partícula extendida y a la relación entre lo reversible y la irreversibilidad. Nuestra actual idea del cálculo crea una ilusión de dominio sobre el infinito y el movimiento que naturalmente no puede sostenerse; pero el día en que esto cambie, en vez de utilizar la teoría de conjuntos para fundamentar el análisis, la estadística, el álgebra o la matemática discreta tal vez hagamos al contrario.

La comprensión de la función zeta de Riemann, surgida de la propia teoría de funciones antes que de cuestiones aritméticas, tendría que beneficiarse mucho de los puntos antedichos. Y lo importante aquí es la comprensión, no resolver la famosa conjetura. Un matemático muy conocido, de forma típica, dijo que si la conjetura fuera resuelta se entraría en el campo de los números primos como con un bulldozer; según esto habría ya planes de urbanización hasta para los infinitos números enteros. Ser más modestos ayudaría sin embargo a cambiar algo el mundo.

Físicos y matemáticos llevan mucho tiempo rascándose la cabeza pensando en la emergencia de esta misma función zeta en los espectros de niveles atómicos de energía. La distribución de la zeta está íntimamente ligada a la distribución de Zipf/Pareto que es tan ubicua en la naturaleza y con la que ya nos hemos encontrado de camino hasta aquí, y esta distribución de Zipf aparece igualmente en el grupo de renormalización común a toda la física de partículas. Por otro lado la "dinámica" asociada a la función es irreversible, ligada e inestable, y esto hace mucho más difícil identificar la conexión con unas teorías de campos que han evacuado o neutralizado de antemano ese tipo de signaturas. La zeta también permite regularizar y "desactivar" infinitos, la gran patología de la física moderna, dando valores finitos para expresiones aparentemente divergentes.

Los matemáticos aseguran incluso haber madurado el problema de la hipótesis de Riemann hasta el punto de que ya sólo les quedaría un gran y muy básico concepto faltante; aunque podría ser por el contrario que lo primero que hay que entender es la relación de la función con la física misma y el análisis. Lo que se echa en falta —incluso si no sirve para resolver la hipótesis- sería la comprensión de justo aquello a lo que se le bloquea el paso en la construcción de las teorías de campos, y cuya asunción volaría por los aires la idea que se tiene de todo el edificio. La zeta parece una inverosímil indicación de que estamos mirando el mundo del revés.

En economía sería absolutamente necesario empezar por una teoría del desequilibrio general, no la del equilibrio que ha demostrado ser manifiestamente falsa, aunque sea la clave de arco de la presente teoría neoclásica. Es evidente que el mercado no tiende a un "equilibrio benéfico para todos". Sin embargo el mercado es tan antiguo como la sociedad y sí que tiene numerosos efectos benéficos. Los problemas no siempre vienen de un déficit del papel del estado como única forma posible de compensación; muchos de ellos vienen de que los estados mismos y sus órganos ya están secuestrados y actúan en favor de los grandes agentes. El dinero mismo es el más importante de los secuestros, y habría que analizar la teoría del desequilibrio a la luz de un dinero público neutral y ajeno a los mecanismos compulsivos de deuda.

¿Economía cuántica? Parece una ocurrencia extravagante, y ya sabemos a qué ha conducido la imitación de la física por los economistas. Y sin embargo es una idea que merecería altamente la pena... si entendiéramos algo la mecánica cuántica, para empezar, y hubiéramos definido su conexión con la mecánica clásica y la termodinámica, naturalmente. Entonces, sí, podría hablarnos algo del mundo que nos es familiar. La incertidumbre y la indeterminación son realmente básicas en la economía y el dinero, pero ni siquiera en mecánica cuántica existe una relación única de indeterminación, sino muchas relaciones; así como hay otras indeterminaciones puramente clásicas. Si pudiéramos vincular estas relaciones con el concepto reflexivo de autoenergía y autointeracción de la electrodinámica, podríamos describir circuitos de realimentación como en cibernética o ecología, y habríamos dado un paso enorme, entre otros posibles, para vincular teorías fundamentales y teorías de la complejidad. A uno se le viene a la cabeza la teoría del dinero endógeno de Yamaguchi que une la teoría de sistemas, las ecuaciones diferenciales de la dinámica y la contabilidad. Pero ni siquiera reuniéndolo todo hay que pensar tanto en la predicción como en la clarificación conceptual.

El grupo de renormalización ya emerge naturalmente en el campo de la Inteligencia Artificial, que después de todo no es sino el producto aplicado (computación x estadística) a diferentes conjuntos de datos. Pero aquí tampoco se libra nadie del fatídico sesgo predictivo, puesto que se asume que ser inteligente es predecir. Sería interesante probar más bien lo contrario: no sé si la inteligencia, pero al menos la prudencia —que antes se llamaba sabiduría- nos viene de lo que podemos rastrear después de los hechos, como el tiempo por ejemplo, y no al revés. Intentémoslo, aunque sólo sea para poder apreciar en toda su amplitud el contraste y tener otra perspectiva que nos hace bastante más falta que la bendita predicción. Sabido es que los dioses para perder al hombre lo vuelven ciego, lo que no se sabe todavía es que ahora lo vuelven ciego gracias a las predicciones.

R. M. Kiehn acuñó en 1976 el término "determinismo retrodictivo": "Parece que un sistema descrito por un campo tensorial puede ser estadísticamente predictivo, pero determinista en forma retrodictiva." Esto vale de forma notoria para la misma electrodinámica que está en el origen de todas las teorías de campos, y para sus desviadas relaciones con la termodinámica. Tiene que existir otra forma de leer "el libro de la naturaleza" y esta forma no puede ser simplemente una inversión —no es simétrica o dual respecto de la evolución predictiva. La parte irreversible, disipativa del electromagnetismo parece estar incluida dentro de la covariancia intrínseca que las ecuaciones de Maxwell (y las de Weber extendidas a campos) muestran en el lenguaje de las formas diferenciales exteriores.

Nuestra cultura hipercinética se complementa a la perfección con el reino de la cantidad; a la matemática le corresponde, empezando por el cálculo mismo, desinvertir el movimiento en lo inmóvil, pero también lo cuantitativo en lo cualitativo y lo analítico en lo sintético. Habrá con todo que trocar el significado de estas palabras. Las mismas relaciones de indeterminación pueden envolver cualidades, igual que cabe retrotraer la función de onda de Schrödinger a su aritmetización de la teoría del color, tal como nos recuerda Mazilu. Hay relaciones inhomogéneas e impuras y relaciones homogéneas y puras, tanto desde el punto de vista cuantitativo como cualitativo, y existe un largo camino por andar en esta dirección. Por otro lado la mezcla continua de planos ha ocasionado una acumulación de falsas ontologías —partículas, genes, etc- que son la moneda común de cambio de cada disciplina. Una partícula extendida no es un corpúsculo con determinadas dimensiones y otras entidades dentro, sino la más efímera —pero aún significativa- de las configuraciones. Se han hecho ímprobos y poco convincentes esfuerzos por demostrar cómo es estable la materia, cuando probablemente ni siquiera lo es.

El desarrollo juicioso de estas ideas tiene potencial de sobra para trastocar todas nuestras ideas del espacio, tiempo, movimiento y causalidad. Ahora bien, estos mismos conceptos básicos ya se habían volatilizado por completo en la física moderna perdiendo su significado y convirtiéndose en aspectos subjetivos de la interpretación. ¿En qué podría consistir ahora darle la vuelta al calcetín? Decir que las leyes de la naturaleza se caracterizan por conductas predecibles era algo razonable después de todo; decir que lo predecible constituye la Ley, así sin más, una aberración que ni siquiera la ciencia moderna puede materializar dada su permanente necesidad de teorías descriptivas suplementarias y apologéticas.

Así pues, ir más allá de la predicción en la esfera terciaria ahora limitada a la predicción augura, por lo pronto, un contacto genuino y no apologético con la esfera secundaria o descriptiva, eso que otros han llamado nuestro imaginario. En otra parte incluso hemos dado indicios de cómo esta esfera secundaria puede ponerse en contacto con la esfera primaria de nuestra percepción inmediata partiendo del elemental principio de homogeneidad o de las proporciones físicas, aunque aquí nos bastará con dejarlo apuntado. En vez de intentar penetrar sin fin en lo real, en la medida en que conectamos estas tres esferas podríamos penetrarnos de lo real incluyendo en ello nuestra propia actividad.

El camino de la predicción, como el del beneficio inmediato, está cada vez más agotado y sus rendimientos futuros van a ser cada vez más miserables. ¿Porqué forzar a cualquier precio las líneas de investigación hacia esta vía muerta? Ya es hora de despertar, este es el camino de los rezagados y los mediocres. Pero cuando hablamos del contacto legítimo entre la esfera de las leyes fundamentales y los procesos de formación y devenir de la naturaleza, también estamos hablando del contacto legítimo entre tales leyes y unas ciencias de la complejidad que hoy por hoy son un amasijo de estadística, teoría de la computación, y diversas ideas fragmentarias y divagaciones.

Por otro lado, sería toda una calamidad que la ciencia hiciera grandes avances en terrenos como los citados si se mantiene la misma dinámica de explotación y control que ahora la conduce. Aunque aún nos cueste creerlo, todo lo que ideamos para "predecir" la naturaleza acaba por afectar a la naturaleza humana y cada vez de forma más directa. El álgebra de tensores de la física, extendido a más dimensiones, sirve ahora rutinariamente para definir los parámetros de conducta de grandes poblaciones humanas, y para intentar modularlos y modificarlos. En ello están nuestros amistosos gigantes tecnológicos cuyos nombres todos conocemos. Y eso que los algoritmos actuales son, después de todo, cosas bastante primitivas y rudimentarias, con un margen de mejora muy amplio. Es parte de la mencionada paradoja: los márgenes de mejora amplios están al servicio del perfeccionamiento del cierre del sistema. ¿Quién habló de "sociedad abierta"?

En toda empresa humana hay principios, medios y fines. En física por ejemplo, el cálculo o predicción siempre tenía que haber sido el medio, pero se convirtió en el fin. El fin en física es la interpretación, que no es un mero lujo subjetivo o filosófico sino que nos da una representación dentro de la cual se inscriben las aplicaciones. Los principios pueden estar... al final y para justificar unos medios traslaticios, como en los propios Principia de Newton. Este deslizamiento e inversión, con la evacuación del papel de la interpretación, requería otro semicírculo para y recomponer y cerrar el anillo, y así tenemos la contraparte descriptiva de estas ciencias normativas, su suplemento apologético o ideológico, que permite crear la nueva normalidad del imaginario moviéndose en un círculo virtuoso. Sin este suplemento, esas ciencias tan aparentemente duras y positivistas nos parecerían las más huecas abstracciones. En ciencia hay un doble circuito y una doble circulación, de forma muy similar a como en nuestro sistema monetario hay un doble circuito y una doble circulación del dinero, con un dinero legal emitido por los bancos y un circulante imaginario dependiente del crédito. No se trata de una vana analogía.

Si ya admitimos que los grandes monopolios tecnológicos han tomado sobre sí la tarea de dar forma al conocimiento colectivo, no sé cómo podríamos negar que ya existe toda una estrategia para esa parte del conocimiento colectivo que está más estructurada, la ciencia precisamente, y de cuyo seno siguen extrayendo valor estos monstruos. Esto no empezó ayer, comenzó en la época de la creación del Banco de Inglaterra y la Royal Society de Newton, los años en torno a 1700 en que Polanyi sitúa la Gran Transformación. Claro que hemos recorrido todo un camino desde entonces.

Las grandes instituciones que hoy controlan la producción de conocimiento científico a nivel mundial, casi todas ellas en territorio anglosajón, son el mayor obstáculo imaginable para un desarrollo libre de la ciencia. Desde Bacon y su Casa de Salomón el poder ha sobrepujado por completo a la verdad, y desde Newton la matemática y el intelecto se han puesto al servicio de la utilidad, el principio se ha convertido en Ley, lo intemporal se volcó en lo temporal y Atenas terminó siendo Jerusalén. No es del todo casualidad que una buena parte de los escritos teológicos del físico inglés estén ahora en la Biblioteca Nacional de Israel en la ciudad santa de las tres religiones del Libro.

Debemos comprender que otro mundo no es posible si somos incapaces de concebir otra ciencia, pues es con la ciencia que recreamos y concebimos nuestro mundo. Efectivamente, se trata para empezar de concebir otra forma de ciencia, antes que desarrollarla. La que tenemos ya está de sobra desarrollada y llegó a la edad provecta. Sin embargo, como en el caso de la mutación monetaria —pues no se trata ni de restauración ni reforma-, la mutación de la ciencia nos deja en la mayor de las incertidumbres con respecto a su virtualidad y a qué se seguiría con ella. Y ocurre que, como en una economía en la que no prima el beneficio, en una ciencia en la que no prima lo predictivo se suspende la compulsiva necesidad de ciclos y revoluciones y, paradójicamente, se está más por recuperar la continuidad que éstas hicieron imposible aunque sólo en la superficie. Pues las revoluciones están siempre en la superficie de la historia, en la orilla donde rompen sus olas.

¿Por qué hoy parece inconcebible la transformación de arriba abajo de la ciencia? Por el doble circuito que administra sus verdades y sus falsedades. Bastará unirlos en uno sólo —y desagregar lo que ahora está ilegítimamente unido, como en los bancos- para que empecemos a ver rápidamente lo que sobra y lo que falta. A pesar de lo lentos que se mueven los molinos del conocimiento, esto no necesita mucho tiempo, porque ya ha madurado durante mucho tiempo. Es sólo desde la posición actual que no se puede cosechar, que no podemos heredar nuestra propia herencia. Aprovechémoslo para dar el golpe de timón.

Quisiera invitar a los hombres y mujeres de ciencia a que se rebelen decididamente contra un sistema y una visión de la naturaleza de una inmoralidad profundas; un sistema optimizado para ignorar todo lo inconveniente y que por tanto, a pesar de sus pretensiones de exploración sin límites del mundo, lo está estrechando y reduciendo cada día más. Debe tenerse presente que lo más importante para la transmutación de los valores de la ciencia no puede depender de los grandes presupuestos ni las jerarquías que hoy dominan los discursos. Aquí como en todo, la claridad de visión ha de prevalecer sobre el punto ciego del poder.

Además, en una economía de guerra —y la ingeniería del conocimiento es un aspecto esencial de esa guerra-

siempre se ensancha aún mucho más la distancia entre lo que se hace y lo que se dice. Que una buena parte de lo que hoy se hace está en flagrante conflicto con lo que se publica es lo último que nos podría sorprender en una época de proyectos encubiertos, secretos militares, espionaje industrial, experimentos genéticos y relaciones públicas. De lo que se trata siempre es de controlar la opinión y minimizar la producción de las potencias rivales. Las teorías consagradas y sus estándares bien pueden entorpecer y servir de pantalla a lo que realmente se hace, y los investigadores no son unos recién llegados a este tipo de intrigas en las que siempre han sido muy duchos.

En cuanto a las tecnologías aisladas del hombre, que aquí preferimos no tratar, la virtud está en simplificar todo lo que se pueda sin ocultar la complejidad, lo que ya de por sí plantea suficientes desafíos. Hoy se espera y desespera de un relevo tecnológico salvador para activar la economía e iniciar una nueva onda larga de Kondratiev que aliente a su vez otras encantadoras burbujas; y con estas o parecidas esperanzas se habla de la 5G y la internet de las cosas. Pero todo esto tiene mucho más de proceso de cierre que de apertura. ¿Saben qué tecnología sería mucho más rompedora que todas esas cosas del último minuto? Devolver el poder del dinero a la gente tal como proponemos. Los cambios que sólo dependen de la complejidad son fracasos para el hombre, cuando no catástrofes.

Desde el *big data* se habla con Anderson de que "la correlación reemplaza a la causación", como si fuera el no va más en eso de romper las amarras con todo el pasado conocido. Pero ocurre que a la física positivista nunca le importó la causación ni la mecánica, ni por lo demás se ha preocupado de conservar la homogeneidad en las cantidades de sus ecuaciones —la pureza de relaciones. Como de costumbre, un movimiento aparentemente revolucionario no hace sino mezclar aún más cosas que ya estaban mezcladas, sin por lo demás separar ni clarificar nada. Se perpetua así la lógica del doble circuito al servicio de la confusión.

Con el triunfo del liberalismo en la última década del siglo XX se habló del fin de la Historia y la plenitud de los tiempos, aunque tal vez lo que se abría ante nosotros era más bien la plenitud de la descomposición. Ya sólo iban a quedar pequeños detalles para completar el Libro: una teoría unificada del universo entero, la modificación genética del hombre, el apetecible fruto de la inmortalidad; naderías que sin embargo se hacen esperar demasiado para un hombre que ya no se conforma con menos que todo y pronto. Y que me temo tendrán que esperar mucho más allá del deceso de este régimen global corrupto, pues ha demostrado que con todo su apabullante despliegue no tiene ni siquiera el mínimo de intuición para saber qué pensar de esas cuestiones. Por fortuna para nosotros. Alargad la mano hacia la dorada manzana todo lo que queráis; no ha habéis nacido para tocarla.

Religiones del Libro

Las tres grandes religiones del Libro modernas tal vez no sean las que uno tiene en mente cuando piensa en Jerusalén, sino más bien el liberalismo, el marxismo y la religión del progreso científico, que se las arreglaron para encontrar su centro de cristalización e irradiación en Londres. El liberalismo y la ciencia cristalizaron simultáneamente, y más tarde el marxismo se ha presentado como la diametral antítesis del liberalismo, sin dejar de jugar en su terreno, y sin hacer prácticamente mella en su cosmovisión científica.

Lo que caracteriza a estas tres nuevas religiones, vuelco o inversión de las anteriores, es su fe en la salvación dentro de este mundo en contraste con la salvación ultramundana; son por tanto religiones mundanas, religiones de la redención dentro de la sociedad. Naturalmente, hablamos del liberalismo como la evolución secular de la reforma protestante. Si la ciencia y el capitalismo liberal se abonaron desde el comienzo y de la forma más descaradamente práctica al aprovechamiento del reino de lo posible —se actúa porque se puede, porque nada nos lo impide-, el marxismo quedó atrapado en el dominio harto más estrecho de la necesidad —se actúa o no se actúa porque es inevitable-, lo que desde el comienzo la relegó a un mesianismo que debía ensanchar sus bases con la proletarización de los pobres.

Las tres fes se apoyan en una misma lógica inexorable de la acumulación en el tiempo, lo que, dicho sea de paso, más que tener fe es jugar sobre seguro aunque nunca se conozcan los plazos. El conocimiento se acumula, la riqueza se acumula, las contradicciones y problemas se acumulan. El triunfo global y manifiesto del capitalismo hace que toda la culpa sobre el estado del mundo recaiga sobre él, no dejándole más que marginales y poco creíbles excusas. Libre de responsabilidades, aunque con una credibilidad harto menguada, el marxismo ha vuelto a pasar a la oposición. ¿Y qué hay de la ciencia entretanto? La ciencia por supuesto sigue al servicio del capitalismo y su cosmovisión, como lo ha estado siempre; pero el marxismo no llegó muy lejos discutiendo su método.

Siendo estrictamente coetáneos, que el espíritu de la ciencia ahora no importe más allá de su cosecha tecnológica —que esté muerto, en una palabra- ya nos dice bastante de lo vivo que pueda estar el espíritu del capitalismo. Pues este "espíritu", en una como en otro, presupone la autonomía con respecto a su creación. Pero nada de esto es ya el caso. Si el marxismo a su vez desea ver muerto a su rival, pero es incapaz de advertir la muerte de la búsqueda de la verdad, demuestra que no está menos muerto tampoco. Critica la acumulación pero espera darse con ella el gran banquete al final de la Historia, a cabalgar como si fuera su jaca.

La verdad es que cuesta imaginarse revolucionarios con tarjeta de crédito, pero aunque así fuera, ¿cómo habría de surgir un hombre nuevo cambiando las relaciones de producción si al final producimos las mismas cosas? ¿Cómo adueñarse de la inercia y de esta deriva si apenas se tiene otra idea que remedar el desarrollo en los países menos industrializados? ¿Planificar el decrecimiento? Eso es una completa necedad. Lo único sensato a lo que cabe aspirar es a que no haya una necesidad artificial de crecimiento como con el dinero-deuda actual; el mero hecho de que se hable de cosas como esa en nombre de la naturaleza sólo demuestra que no se entiende que la naturaleza está igualmente dentro de nosotros. Es oyendo cosas como estas cosas que la gente dice: "El diablo tiene razón: está más claro que el agua que no hay alternativa".

No seguiré por aquí puesto que, al menos para uno, la principal batalla no está en los mecanismos de poder ni en la ubicua socialización sino en lo que se le escapa; incluso sabiendo de antemano que cualquier espacio nuevo que se abra está condenado a ser pasto para los diversos instintos y apetitos. Sí, todo es social y sí, todo es político, pero no es sólo social ni es sólo político, y es eso último lo que a algunos más nos interesa.

Las religiones antiguas ya eran lo bastante conscientes de la prisión social en la que vive el ser humano, y justamente lo que ofrecían era una vía de escape, aunque no hay ni que decir que ellas mismas se convirtieron en grandes estructuras de poder y de opresión. Por otra parte, los marxistas estarían menos furiosos si sopesaran hasta qué punto la socialización de toda la existencia es también un triunfo suyo, aunque naturalmente no estén muy dispuestos a admitirlo. Finalmente, no sé si se comprende lo bastante que el plus que ofrece el dinero y la propiedad para las élites —y para todo el mundo- más allá del poder, consiste en su promesa de evadirse de lo social, incluso si no se contempla a las masas como chusma. Señuelo que ha de quedar más o menos frustrado por diversas razones, como la cortedad de miras, o la más apremiante de que el karma del dinero, que es el tiempo de los demás, no perdona.

El proceso irreversible de acumulación, fundado en intercambios supuestamente reversibles, nos lleva de cabeza hacia la desactivación, que puede adoptar tres formas: la catástrofe, la muerte lenta, o la transformación en profundidad o transmutación. Para las dos primeras ya tenemos mil rutas, está por ver si tenemos algún argumento sólido para lograr la tercera.

Sin embargo, en cualquiera de los tres casos tenemos un conflicto vivo de intenciones y direcciones, entre seguir hacia adelante y retroceder que es tan característico de esta época y de los años que se avecinan como lo ha sido siempre de cualquier periodo de crisis y fractura. Este conflicto se revela también en toda la constelación que fulgura en torno al tema del dinero soberano o la recuperación de la ciencia, sin embargo, aquí al menos hay un potencial creador y creativo que equilibra los aspectos necesariamente destructivos y que no se aprecia en el resto de opciones, penetradas de derrotismo hasta el tuétano.

Es este torbellino del tiempo en nuestra turbulenta ruta hacia el caos el que se está amplificando en nuestra conciencia. Incluso podríamos decir que ese aparente moverse en la línea del tiempo no es otra cosa que ese zoom o amplificación. En cierto sentido, estaría ya siempre presente como indeterminado, y ahora como siempre sólo se está especificando. El misterio del tiempo es que el pasado existe más allá de nuestro poder, pero sólo por nuestra actividad o falta de ella se puede encender su sintonía.

Hoy nada de lo que se dirige a alguna parte tiene fuerzas para llegar a parte alguna; sería el momento para atender más a la vertical que no da pistas sobre puntos cardinales ni direcciones. Y si todos sentimos la creciente tensión e indecisión entre el pasado y el futuro, tal vez en ninguna parte se refleje tanto eso como en Israel, aunque como buen reflejo, allí tenga más bien el sentido inverso de presión.

Que Israel supone ahora mismo en el mundo una inversión de su campo de fuerzas lo muestra el hecho de que es el único nacionalismo en ascenso dentro del náufrago archipiélago de las naciones. Por supuesto, hoy existen por doquier intentos de avivar la llama nacionalista dentro de un orden internacional en plena crisis, pero todos carecen de suficiente convicción porque todos están atrapados por el mercado. Esto, por lo que se ve, no es suficiente para moderar la posición de Israel. Lo cual puede tener varias lecturas, además de la más obvia; en cualquier caso, el juicio de Yeshayahu Leibovitz —tal vez el primero en usar el término judeo-nazi- sigue siendo el más íntimamente acertado: los israelitas han abandonado su religión en favor de una religión nueva, el culto a su estado y al Judío superviviente del Holocausto.

Sin duda un nacionalismo con tan pocas fisuras ha de parecer admirable y envidiable para muchos de los que miran con nostalgia al pasado. Pero el sionismo moderno es algo más que un caso particular entre otros: es la única fuerza capaz de hacer que el siempre oportunista liberalismo termine abrazando el milenarismo, y el capitalismo, al apocalipsis. El círculo que se abría con los puritanos de Cromwell y los afanes de Ben Israel se cierra y se consuma: los judíos abandonan su espera mesiánica y la vuelcan en su estado; y los antiguos puritanos que habían volcado al espíritu en lo mundano cada vez cifran más sus esperanzas en que este mundo acabe lo antes posible. Bien puede decirse que las aberraciones conocidas como sionismo, integrismo islámico y evangelismo resultan del fuego cruzado entre las tres antiguas y las tres nuevas religiones.

"El judío, la serpiente, y el oro", dijo Jünger, tres misterios en uno solo. Y como, indudablemente, la apelación a "el judío" ha servido siempre para personificar algo que resulta misterioso, intentaremos dejar la personificación de lado y sustituirla por otras incógnitas más manejables. Podríamos haber sustituido el dicho por "el tiempo, el dinero, y el capital" y tendríamos un hueso igual de duro de roer.

Pues parece claro que el dinero y el capital son cosas sobremanera diferentes a pesar de que puedan equiparse; el dinero nos habla de lo que circula, y el capital de lo que se acumula. Sólo si todo el dinero se acumulara podría hablarse de un "truco de circulación", lo que es un contrasentido evidente incluso en el caso del patrón oro, que sin embargo permite contrastar el problema. Incluso hoy hay países como China o Rusia que maniobran para respaldar sus monedas con oro en el caso probable de que rompan sus compromisos con el dólar. El oro apuesta por una política de escasez y es sin duda retrógrado, pero eso no impide que sea una alternativa momentánea válida si quiebra el sistema monetario mundial.

Naturalmente se trata de emergencias antes que de tentativas restauradoras, y estamos muy condicionados para pensar que se trata de reflejos regresivos. Sin embargo el tema del oro plantea otras cuestiones interesantes sobre la tecnología y esa tremenda idea de la aceleración del tiempo y de los tiempos naturales que, según la observación de Eliade, fue introducida por los alquimistas. Hoy por ejemplo las cadenas de bloques y los medios electrónicos hacen más viable que nunca el dinero público y los dineros privados, así como su convergencia o divergencia; de eso no cabe duda. Sin embargo, la cuestión de la soberanía, que por supuesto siempre es algo relativo y problemático, está también íntimamente conectada con la cuestión de hasta qué punto algo así depende exclusivamente de esas tecnologías y es rehén de ellas o puede revertirse sin demasiados problemas hacia estadios más primitivos de la evolución monetaria: billetes, oro, notas, metales, cestos de monedas o de bienes, agentes cambiarios, conchas o lo que fuera. Parece un mero truismo que los sistemas más robustos tendrán que ser los que menos dependan de unas condiciones técnicas específicas; y lo mismo puede decirse de cualquier otra demanda o postulado emancipador, del que para saber cuán universal es habría que ver qué tal tolera el cambio de condiciones. Esto sería una forma de tomarle la medida al contexto sin ceder a su tiranía ni a sus chantajes. En el caso del dinero, está claro que la práctica manda.

Según este criterio, un cambio sería tanto más deseable cuando menos necesario o forzado sea desde el punto de vista de las condiciones materiales. O, en caso de que parezca forzado, en la medida en que pueda revertir su situación y operar en otras condiciones materiales con menor grado de interdependencia. También esto mide el grado de renovación o regeneración en el seno de la innovación, pues lejos de necesariamente regresivo también pude ser el mejor indicador de superación de una inercia. En definitiva, hoy que tanto se acaricia el concepto de resiliencia, se trata de ver cuánto dan de sí los principios de simplificación y reversibilidad aplicados a los usos y prácticas humanas. Puesto que nos acercamos a una fase de caos monetario —esperemos que creativo— no van a faltar las oportunidades de experimentar las interacciones entre dineros públicos y privados en distintos soportes.

Si, como dice Badiou, la abstracción monetaria es la única forma reconocida de universalidad, estamos obligados al menos a sacar la lección bien aprendida, o no tenemos remedio. Sólo recuperando ese poder cabe desmitificarlo y devolverle el colorido habitual de lo profano. Pues el dinero es el espíritu mismo de lo profano sacralizado tan sólo al ser enajenado de los mismos que lo crean, le dan valor y lo hacen circular.

Schumpeter decía que el marxismo parecía superior al capitalismo especialmente a los ojos de los intelectuales, que justamente son los que tienen la relación más "abstracta" con el dinero. A esta presunta superioridad moral de no estar envueltos en el mundo real, a la que apelaron tantos marxistas, le ha acompañado siempre una clínica aversión por el funcionamiento, no ya del capital, sobre el que no han dejado nunca de elaborar, sino del dinero, cuyos detalles han ignorado como por principio. Nada podría ser menos casual. Puesto que los maestros del dinero encarnarían esa inteligencia granburguesa que efectivamente mueve el mundo y es la gran rival del intelectual desocupado.

Sin embargo las gentes siempre han preferido adorar a esa inteligencia que mueve el mundo que a la de un motor inmóvil que a pesar de todo no puede quedarse quieto, del mismo modo que han preferido dejar de ser proletarios a ser proletarizados por igual desde la izquierda y desde la derecha. Y, otra cosa que el marxismo nunca supo entender, han adorado precisamente y ante todo su intrascendente brillo profano, pues ya se sabe que no todo el mundo está hecho para creer.

El fin del dinero-deuda bancario y su vuelta a las esferas pública y privada supondría acabar con el aura que todavía hoy el dinero tiene y que no puede responder a otra razón que la ignorancia de su funcionamiento y el escamoteo de su poder. Aunque pueda llevar su tiempo tomar contacto con esta parte de la conciencia social sustraída, es de esperar que con el uso el entusiasmo remita a cierta desencantada normalidad, que sería lo más deseable si es que queremos ocupar nuestro espíritu en otras cosas.

El marxismo siempre tuvo razón al insistir en que el dinero es tiempo de trabajo invertido; el dinero no es ni puede ser algo exterior a los mecanismos sociales de creación de valor. Pero en esto hay que incluir también el trabajo y el rendimiento de la propia esfera monetaria en el funcionamiento y eficiencia de todo el sistema, que no es una pequeña parte del todo. Un cuerpo no es sólo músculo, y si el cerebro es el órgano que más sangre necesita también es por algo.

Si un lector de los años previos a la eclosión de la era científica, alguien que leyera a Paracelso o a Böhme, hubiera sabido de nuestros desvelos y abstracciones, probablemente hubiera dicho que la tierra, el trabajo y el dinero, que vienen a corresponderse con los tres sectores tradicionales de la economía, son la sal, el azufre y el mercurio del compuesto social. Un teólogo de esta época, o incluso del medievo, hubiera dicho que son su cuerpo, su alma y su espíritu. Mucho se discutió entre atanores y tratados si los tres eran aislables, si tenían entidad propia o si eso era nada más que un espejismo y sólo "coexistían", lo que aún parecía más problemático. Las actuales disputas económicas siguen siendo variaciones de ese mismo tema, por más prestigios cuantitativos que le hayamos añadido. Y de hecho, sabemos a ciencia cierta que la parte más cuantitativa de la economía, la doctrina neoclásica, es a menudo la más falsa.

Esta visión, la de que hay principios que no se pueden descomponer, todavía predominaba en la química de la época de Newton, que aún por entonces era la ciencia de los procesos y transformaciones de la naturaleza por excelencia, y no una física que hasta para el mismo físico inglés sólo podía conformarse con descubrir ciertas leyes regulares. Su Óptica en particular era el primer gran intento de robarle a la cualidad su cantidad, pues no hay motivos para pensar que la gravedad sea más universal que la luz.

Llegó luego la culminante tentativa de Hegel en la que todo se resuelve en distintos momentos del sujeto: el ser en sí, el ser fuera de sí, y el ser para sí. De ahí extrajeron su inspiración desde el marxismo a la lógica pragmática de Peirce o los interesantes malabarismos de Lacan o Zizek, articulados ahora como lo real, lo imaginario y lo simbólico.

Sin embargo, ninguna de estas ejercitaciones del espíritu puede compararse en simplicidad, atrevimiento y genialidad con el experimento crucial de los viejos artistas del fuego, esos que se llamaban a sí mismos Filósofos: encerrar un determinado sujeto mineral herméticamente cerrado y dejar que él sólo se descomponga, se limpie, se recomponga y se exalte. En definitiva, más que hacer trabajar a la naturaleza, averiguar por la experiencia en qué le gusta trabajar a ella cuando las circunstancias no le son desfavorables. El avaro, el economista y el ingeniero social han buscado por todos sus desesperados medios algo parecido a ese círculo virtuoso, sin acertar nunca a preguntarle al incógnito sujeto por sus propias inclinaciones.

Había no pocas cosas de interés en las relaciones que tan certeramente y fuera de ulteriores consideraciones planteaban: que nada se mueve si no es por desequilibrio, que el espíritu del compuesto es femenino pero que su circulación determina los límites de lo mecánico, que el alma y vida del compuesto es masculina pero está atrapada y sofocada, y un largo etcétera de tópicos que son tan contrarios a nuestros tópicos de hoy que, más que "un espejo en que mirarnos", parecen un espejo que nos mira.

Desde este punto de vista un tanto "endógeno", aunque a su manera, un dinero puramente neutral o indiferente tampoco podría circular; para existir tiene ya que incorporar sus propios desequilibrios o ser un producto de ellos. Pero en un sentido más laxo, es admisible llamar dinero neutral a uno que no favorezca la acumulación sobre la circulación. El patrón oro lo favorecía; pero el dinero-deuda moderno aún la ha favorecido más. ¿De qué sirve representar al espíritu si no se es imparcial? Esa neutralidad que se traduce en objetividad es la única superioridad del espíritu, de hecho es lo que hace al espíritu; si no la guarda, él solo se destituye.

Y en efecto el espíritu femenino sólo desciende y se eleva en busca de equilibrio. Se ha usado de tarde en tarde la expresión "la alquimia del capital", pero no hace falta gran imaginación para figurarse que el afán de la naturaleza es todo lo contrario de la acumulación por extracción y por desigualdad. Las mañas del hombre y la fuerza intrínseca de las cosas no pueden ser más contrarios. La naturaleza aumenta su potencia por la homogeneidad de sus partes; las leyes de potencias, como la de Pareto, suponen un proceso de diversificación y restricción, y por ende de envejecimiento.

Es decir, la evolución de las leyes de potencias en el tiempo, si no implican redistribución sin condiciones ni canales específicos, comportan una restricción creciente y consecuentemente su creciente fragilización: no es en nada diferente del proceso de envejecimiento que podemos apreciar en nuestros semejantes y en nosotros mismos, así que no puede estar más en nuestra cara. Y aunque estoy hablando de algo que matemáticamente no se ha demostrado, no se necesita ninguna demostración porque tendría que resultar evidente. Tanto estudiar la complejidad para no ver estas cosas, que al menos si captó algún gran hombre de ciencia como Ramón Margalef.

Claro que el camino de la naturaleza del que hablaban los viejos Filósofos no es este tan natural del envejecimiento sino por el contrario el de su retrogradación, partiendo eso sí de la descomposición y total destrucción del compuesto; el espíritu que lo limita como su forma visible, y que se haya secuestrado en la circulación, es el mismo que precipita la putrefacción cuando lo abandona. Según este presupuesto, toda la naturaleza perecedera es ya naturaleza congelada, atrapada en su propio círculo mínimo. Si para Galileo la naturaleza era un libro escrito en lengua matemática y para Descartes la mente era un espejo de la naturaleza, para ellos, tal vez más perspicaces, la naturaleza ha sido siempre el espejo de la mente. Incluso nuestras mentes encerradas no pueden dejar de percibir circunstancias muy diferentes en lo mismo.

Hablamos pues del misterio de la serpiente que se intoxica con su propio veneno y también puede autoeliminarse. El animal que ya tenía forma antes de ser criatura, es, en el compuesto social, el dinero mismo, que también representa a su espíritu. Naturalmente, si hablamos de tres principios distintos es para articular un poco lo inarticulado, que no es el monstruo social sino lo anterior a él; pero nadie negará al menos que en lo social y en lo económico, como en los organismos, operan principios de diferenciación.

"El tiempo, el dinero y el capital". *Time is money* dicen los anglosajones, que alternativamente también dicen *time is gold*. Pero el capital puede drogar al dinero, así como las inyecciones de dinero son el único remedio que hoy encuentra el adicto capital. Idealmente, con el dinero, el crédito y la inversión se puede marcar el tempo de la economía, siempre que haya un retorno en forma de ingresos, consumo e impuestos. Pero la iniciativa colectiva que partía del establecimiento del dinero como su espacio natural ha desaparecido, pues la misma Reserva Federal hoy imperante carece en realidad de autonomía, estando simplemente al servicio de la oligarquía y su sistema de succión. Puesto que su principio presuntamente autónomo ha dejado manifiestamente de serlo, lo que cabe esperar es su descomposición acelerada.

Sólo librándose de sus oligarcas tiene hoy una nación alguna posibilidad de subsistir. La transmutación del sistema monetario cambiaría totalmente el tiempo y tiempos del compuesto social de la forma menos violenta que quepa concebir; pero si no se recupera cierta autonomía a tiempo, la creciente fragilidad estructural exhibida en la desigualdad precipitará la caída rápidamente. Sabido es que la bancarrota se fragua poco a poco pero se declara de repente. Por supuesto, el hundimiento a cámara lenta ya lo estamos viviendo.

Por más que hablemos tanto de ello, realmente nadie está preparado para que lo que ha funcionado toda nuestra vida deje de repente de funcionar. Mucho menos aún todos los que acarician la quiebra del capitalismo, y que ahora serían incapaces de hacer funcionar nada. En las revoluciones rusa o china aún había gente capaz de sacar adelante las cosas dentro de un contexto de enorme atraso general; pero la izquierda patrocinada de hoy se hace un lío hasta con un falso problema de identidad. El derrumbamiento que está sobre nosotros demandará soluciones prácticas y casi inmediatas, pues de lo que hablaremos entonces será de supervivencia.

Así que los que hablan todavía de tomar el Palacio de Invierno muy probablemente se van a encontrar con un panorama muy diferente de una revolución. Por supuesto que, como nos recuerda Charles Hugh Smith, las élites tampoco son capaces ni por un momento de imaginarse un mundo en el que las cosas no funcionen como hasta ahora. Si internet surgió para sobrevivir a un ataque nuclear y estamos todo el día en ella ya sabemos lo que tenemos que hacer: aplicar su lógica tanto dentro como sobre todo fuera de la red. Es decir, descentralizarlo todo tanto como sea posible: el dinero, "el capital, el poder político y el control de los recursos". Élites y centralización son términos sinónimos.

La capacidad de descentralizar sus estructuras y cuadros de mando o decisión y de hacerlas menos dependientes de una tecnología específica, es lo que determinará el grado de resiliencia de las naciones y el tejido social. Algunos países previsores y dados a la planificación, como por ejemplo China, pueden intentar soluciones mixtas manteniendo las jerarquías y negociando a conveniencia la descentralización y participación popular en su espacio interno. Si el Chile de Allende y el proyecto Cybersyn ya iban en esa dirección, no es difícil de imaginar todo lo que pueden evolucionar modelos de este tipo en países conformados por una ética confuciana y que ya tienen mandos al cargo de los problemas un poco a la altura de su complejidad. En casos así el circuito de control cibernético pondría a su servicio la realimentación de la serpiente monetaria.

En lo técnico este tipo de realimentación no dista gran cosa del bucle a cerrar por los monopolios globales norteamericanos, con la enorme salvedad de que estos últimos sólo se ponen al servicio de la ganancia y los cuadros políticos de un "socialismo de mercado" como el chino siempre intentan mantener un equilibrio. Tendrían así un margen de estabilidad y supervivencia superior, permaneciendo la formidable incógnita que en este tipo de modelos supone el ser rehén de la tecnología.

En el Occidente plagado de fuerzas centrífugas esto no parece viable ni deseable; habría que pensar más bien en el socialismo de mercado original que tuvo su primera formulación en Proudhon. El artesano autodidacta de Besanzón ignoró cuanto pudo la importancia decisiva del estado pero incluso en aquel tiempo ya vio claramente lo básico que era el dinero y el crédito para el mutualismo;

y esto se reafirma en una economía como la actual que depende más del crédito que de los salarios.

Si las élites de los países occidentales tuvieran más conciencia del probable colapso, seguramente tratarían de negociar a partir de los dilemas monetarios planteados en la primera parte de este ensayo; pero a día de hoy ni ellos ni la ciudadanía se toman en serio, ni el tema del colapso, ni la decisiva alternativa monetaria con su complejo fuego cruzado.

Algunos países pueden servir de modelo a otros países, y algunas monedas pueden marcar a otras la pauta así como ciertos tipos de células y redes sociales del mundo real pueden ser semillas de futuro para otras organizaciones autónomas. Si queríamos modernidad y la modernidad es experimentación no nos faltarán ni de la una ni de la otra en el caso de que vivamos para contarlo. Claro que en esta silla del dentista hasta al tiempo de la modernidad le duelen las muelas.

Dos generaciones más tarde de la gran guerra parece que hemos agotado el mérito elevado al cielo por ese tremendo sacrificio del que siempre hemos vivido. Todo parece indicar que no vamos a poder vivir más de eso y que habrá que hacer méritos nuevos incluso sólo para no perecer, no digamos ya para crear un mundo nuevo. Esto, que es válido para todos, no se aplica a todos por igual porque ya hay demasiados que están pagando con su sangre el nuevo sacrificio.

La entera idea progresista del perfeccionamiento gradual del hombre y de la historia como serie de fases de emancipación es rehén de la tecnología y de una creciente dependencia que es lo contrario de la emancipación. El contrapeso a esa flagrante contradicción tiene que ser la atomización y el repliegue en la singularidad individual, que sólo se ve enriquecida en el sentido de tragárselo todo. Desde el nominalismo el triunfo de lo social y la exaltación de lo individual van de la mano; si no hay exaltación el tejido social se deprime y sus células dejan de reproducirse. El progresismo sigue asumiendo que la modernidad capitalista es un gran avance sobre una sociedad medieval tildada de oscurantista, a pesar de que sus burgos nos siguen mostrando, incluso con todas las leyendas negras vertidas, un increíble dinamismo, una gran presencia de espíritu y un sistema monetario mucho más equitativo que el actual. De este modo el progresista no puede dejar de mostrar de quién es deudor y cómplice.

Por sólo poner un ejemplo, hoy sabemos que en torno al año mil no hubo ni histeria ni temor ni milenarismo de ningún tipo, algo que sin embargo fue un azote en torno al 1600 cuando afinaban sus instrumentos Kepler o Galileo, o incluso todavía en el Londres del mirífico 1666 o en cualquier parte en 1999. No hace falta pensar que la edad media fuera ninguna edad de oro, incluso si le debemos mucho más de lo que creemos; el problema es que estemos tan necesitados de creer que fue mucho peor que nuestra época.

Un autoperfeccionamiento social de estilo cibernético con su propio bucle de realimentación como el antes mencionado nos parece opresivo y claustrofóbico; sin embargo la creencia en un autoperfeccionamiento del hombre en la sociedad en nada importante difiere de lo primero: en ambos casos se trata de no dejar correr el aire, de estrechar los anillos de la serpiente del tiempo para que se cierre aún más sobre nosotros. Y es que nuestra idea de un tiempo lineal coexiste con un tiempo circular más amplio nos interese o no saberlo.

China tiene por otra parte la enorme ventaja, que no dejará de aprovechar, de que la recepción que ha hecho de la ciencia moderna es puramente utilitaria y sin mayores compromisos ni raíces en su imaginario; es decir, le sobra todo lo que en la ciencia occidental es espurio sin que nosotros mismos lo sepamos, pues a pesar del relato de libre exploración no hemos acertado a trascender la utilidad. Tanto para ellos como para nosotros, la búsqueda de la verdad científica necesita reorientar por completo su método, y llegará tan lejos como el criterio utilitario permita. Una vez más el árbol de la ciencia del bien y del mal nos distrae del árbol de la vida.

El mito occidental del superhombre, acierta en esto la malicia de Geidar Dzhemal, no es algo que venga de finales del XIX, sino de mucho más atrás, de los tiempos del pseudohermético "Discurso sobre la dignidad humana" de Pico, manifiesto del Renacimiento y precedente de la "declaración de los de los derechos del hombre y el ciudadano" de la Revolución Francesa y el famoso manifiesto comunista. El mismo Corpus Hermeticum pergeñado por su tutor Ficino al amparo de los Medici es un vano y fatuo ejercicio de retórica renacentista capaz de aburrir a las ovejas si los comparamos con los oscuros y tres veces sellados escritos de los verdaderos artistas, tan bien calculados para extraviar al necio, inspirar al niño y alentar en su trabajo al trabajador. Sin embargo las vacuas generalidades de los humanistas inflamaron la imaginación e "impregnaron la 'espiritualidad' europea con la semilla de hierro de la voluntad de poder", en el más claro ejemplo de inversión de lo general y lo particular y con la incitación del más lento, delicado trueque de inteligencia y voluntad. Claro que, más que al superhombre, a lo que se parece cada vez más lo que va saliendo del gigantesco circuito de la destilación social es a un homúnculo.

A principios del XIX, la recreación de Goethe sobre la relación entre el fatuo Fausto y Mefistófeles, la de Grimm entre la hija del molinero y Rumpelstintkin, y la de Hegel entre el amo y el esclavo nos dan tres versiones distintas pero emparentadas del problema del reconocimiento, y en particular del reconocimiento del espíritu. Tal vez recuerdan, entre líneas, que la dinámica específica de Occidente, la anomalía que supone su trayectoria, habría sido imposible sin una segunda vista y un pathos de la distancia que ningún pueblo por sí solo puede lograr. De la Florencia de los Medici al Londres de los Rothschild, Marx y Disraeli o la Viena y el Nueva York del siglo XX, los judíos son el cuerpo dentro de otro cuerpo y el espíritu dentro de otro espíritu que el infatuado gentil se niega a admitir, como si la masa pudiera reconocer la levadura de otra forma que hinchándose. La vanidad de un lado y el orgullo del otro impedirán siempre la aclaración de las verdaderas relaciones.

Esta situación da un vuelco con la creación del estado de Israel, que aspira a darle al pueblo hebreo su propio cuerpo y su propia identidad. Pero tampoco aquí terminan ni mucho menos los equívocos problemas del reconocimiento: un estado que defeca habitualmente sobre el derecho internacional desea ser reconocido por todas las naciones; y por otra parte, sus más fuertes valedores aspiran a su través a un reconocimiento indirecto que de otro modo les delataría.

Pero tal vez el mesianismo hebreo más antiguo era ya un malentendido entre ese pueblo y su dios, pues suponía esperar algo en el mundo a cambio de la fe, lo que armonizó tan bien con el espíritu protestante. Ese vuelco en el mundo y en la historia es evidentemente el punto nodal de todos nuestros desequilibrios que por más que lo intenten no escapan a su origen religioso. Entretanto lo que al principio fue espera hoy se ha convertido en exigencia. Lo peor de tener que hablar de los judíos, en vez de los hebreos, es que la palabra "judío" carga ya sobre sí la connotación de "impugnación de Dios", en el doble sentido del "de"; en pugna consigo misma, ella sola se hace palabra detestada y detestable.

La impresión que se tiene es que, en la atribulada y exasperada Judea del imperio romano, a la figura de Cristo, cualquiera que sea su trasfondo, sólo le cabe el sentido de la abolición de la espera —el reino está dentro de vosotros-, la negación de la huida hacia adelante de la Historia. Implicaría entonces la recuperación de una vertical natural sobre un curso horizontal que también sería natural si no fuera forzado por los hombres; claro que ya desde los primeros tiempos comenzaron a darse visiones contrapuestas sobre lo histórico y lo no histórico, lo humano y lo divino en esta problemática cristalización.

Si hoy Israel supone una inversión del campo de fuerzas de la naciones, la atribulada y exasperada causa palestina y su derecho de retorno implica la inversión de esa inversión, un cuerpo dentro de otro cuerpo y, por mal que pese, un espíritu dentro de otro espíritu. No importa cuán abrumador sea tu espionaje y tu vigilancia, aquel al que oprimes te conoce, y por fuerza te conoce mejor que tú a él. Esto es lo que resulta tan intolerable.

Si miramos hoy un mapa del mundo los países que reconocen a Palestina veremos que ocupan la mayor parte de las tierras del globo, con casi toda Latinoamérica, África, Asia y Rusia: únicamente Norteamérica, Australia y Europa Occidental rehusan o demoran el reconocimiento. Esto sólo se explica por la intimidación y la presión, pero que nadie se queje de estar atado de pies y manos si no hace nada por romper el círculo. La causa palestina no es negociable y no depende de ulteriores expectativas; dándole la espalda también le damos la espalda a nuestra propia dignidad.

Efectivamente, que nadie se queje de vivir en un acolchado "campo de concentración financiero" si desprecia lo que ocurre en Gaza; sabemos por lo demás que hoy ambos encierros están íntimamente unidos. La infausta industria de la vigilancia y la seguridad con la que hoy Israel penetra en todo el mundo, el gran negocio paramilitar de aprovechamiento del caos creciente en todas las naciones, se vende preciándose de haber sido "probada sobre el terreno" y en carne viva. Romper el cerco palestino es romper el propio cerco.

Sorprendería entonces sin límites que tantos estados en Europa y en el mundo confíen algo tan absolutamente estratégico como su seguridad a empresas de un país tan decido a sacar ventajas por todos los medios; de un estado militar-policial cuya profunda inmoralidad sólo puede compensarse con el envilecimiento de cualquiera de sus interlocutores, no sea que pretenda darle lecciones de algo. Sorprendería, claro, si no fuera porque esas élites igualmente corruptas no pueden encontrar mejor complicidad a la hora de mantenernos a todos a raya.

No, no podemos tomarnos en serio la idea del colapso porque nos parece sencillamente inconcebible; pero a los rusos y a los pobladores del antiguo bloque comunista no les parece en absoluto inconcebible porque ya sufrieron uno bien calamitoso hace sólo poco más de dos décadas. Parece mentira que los europeos occidentales no seamos conscientes de algo así estando tan cerca, se ve que aún creemos tener derecho a algo diferente. En cuanto a Washington, es tan sólo normal que allí no tengan ni idea, a pesar de que los brindis por los despojos de la Unión Soviética de los sospechosos habituales se oyeron de la City a Wall Street pasando por Harvard. Luego está la ingeniosa ocurrencia de decir que no hay que preocuparse por la tercera guerra mundial porque esa ya la ganaron. Ahora bien, si eso es cierto, resulta que se les ha acabado la buena suerte, porque según la secuencia canónica de transformaciones no hay cuarta guerra buena, sino tan sólo la caída acelerada de la descomposición final.

No se trata tanto de decir que el colapso sea inevitable, puesto que todo este escrito aspira a su modo a conjurarlo, como de ver que incluso en el mejor de los escenarios no parece posible eludir una fase de profundo caos, algo que por el mero hecho de que Washington esté hoy al mando ya parece garantizado. Y en ese sentido, serían los países menos desvinculados de su esfera de poder los más expuestos a sufrir las consecuencias. Se puede aprender mucho más de cualquier país o pueblo que en esta última época haya conocido tiempos difíciles.

Si lo que crea el dinamismo del dinero es la búsqueda de beneficio, aún es una cuestión muy debatida qué condiciona su tasa fuera del sistema de precios. El neoricardiano Sraffa parecía sugerir, asumiendo una perspectiva endógena, que se trataba de una "variable técnica dependiente del tipo de interés", interpreta Apilánez; pero creo que si el mismo Hegel, contemporáneo de Ricardo, hubiera mostrado más atención a la incipiente teoría económica se habría abonado a esa tesis con la mayor determinación. Idealmente, pero contando aún con las asimetrías evidentes que no sólo la teoría neoclásica ignora, el excedente de valor no se relacionaría tanto con la explotación como con el modo global de distribución del producto social, que a su vez determinaría el tiempo subjetivo-objetivo en que esa sociedad vive. Esto armoniza con nuestra visión de la serpiente monetaria como el límite y forma conferido por la circulación. El interés como mera atención es anterior a todo lo demás, pues todo vive de nuestra solicitud. Tampoco es de extrañar que se hable hoy tanto de la economía de la atención, aunque sólo sea para robárnosla.

Hoy sabemos que los primeros estándares de medidas fueron elaborados en los templos de Egipto y Mesopotamia. La metrología es tan consustancial a ese gran salto que suponen las primeras grandes civilizaciones como la escritura y la contabilidad, y sin ella resultaría inconcebible la consolidación del estado o la expansión del comercio y la actividad económica. La convención siempre ha sido el más poderoso y torpe de todos los imperios. Hay estándares reversibles y estándares prácticamente irreversibles, como la ineficaz distribución actual de las letras del alfabeto en el teclado; y hay otros estándares capaces de englobar a otros del pasado en su esfera.

Casi todas las medidas o magnitudes de la física moderna exhiben un alto grado de heterogeneidad que no es sino el reflejo de los arbitrajes en el uso del cálculo y el álgebra en esos templos modernos que son nuestras grandes ecuaciones; su aparente simetría y elegancia esconde los grandes nudos de sus relaciones. Nuestro ideal de trasparencia parte de la pureza de las relaciones iniciales, no del aspecto que tienen al ser englobadas. La más inobstruida conexión con el pasado pasa por esta vía aparentemente estrecha.

En palabras de C. H. Smith, tendemos a optimizar más aquello que más se mide. También el beneficio obedece a este orden, sólo que el beneficio ha sido hasta ahora la diferencia más atendida, aunque en una economía cada vez más compleja también es proporcionalmente menos directa y más difícil de estimar. El polo de una economía ha tenido que ser entonces la medida más fácilmente disponible, y el beneficio se deja a la discreción del individuo. Si el campo de medida de la economía varía también varía el sistema y nuestra percepción de él. Pero el beneficio, más que optimizarse, se maximiza, lo que en sistemas con recursos finitos supone la fuente principal de inestabilidad, algo ya claramente visto por Aristóteles hace veinticuatro siglos. En estos tiempo de IA, bien cabe imaginar un sistema optimizado para recursos finitos y realimentado, que deje a la discreción de las monedas particulares los criterios de valoración y prioridades. Y puesto que estas tecnologías ya se aplican con los propósitos más claramente desestabilizadores, no vemos por qué no habría que usarlos en aras de un mínimo de estabilidad y bienestar colectivo. Los criterios y campos de medida en conjunción con la moneda permiten la transmutación de esos valores colectivos; buscar lo homogéneo en lo inhomogéneo es el oro de lo universal que permite contrarrestar el peso del oro muerto y dinamizar de otro modo la acumulación.

La transvaloración de los valores, la transmutación del tiempo y el valor, sólo puede operar desde el interior de nuestra conciencia, que antes se llamaba espíritu; pero como la superciudad global en que vivimos ya es la materialización de esta nuestra era del espíritu, nada nos resulta más difícil de reconocer. Para el hombre moderno ya es mucho conseguir acuerdos momentáneos entre su voluntad y su intelecto; pero que estos hayan podido tener alguna vez una unidad sustancial, que puedan ser uno en esencia, es algo que hoy resulta imposible concebir; la inconsistencia del deseo separa a aquellos dos de su común fondo indeterminado.

Y efectivamente, sólo volviendo a lo indeterminado podemos ver a lo ahora invisible destacarse. Lo que también significa, naturalmente, que está más allá de nuestra capacidad de determinación. Esto, más que resignación, sería la comprensión cabal de nuestros límites, de la que nunca dejamos de estar necesitados. Y en caso de que nos falte comprensión, nunca tendremos muy lejos la admisión de nuestra suprema impotencia.

Sabe más la compasión sin pretenderlo que todo el conocimiento del mundo. Leibovitz tenía razón al decir que los israelitas han abandonado su religión y a su Dios en beneficio de una religión de estado. Pero al menos su orden secular podría mantenerse si se salvara la idea de restitución que siempre fue motriz para ese pueblo. Si abandonan a su único Dios, abandonan la justicia, y abandonan la compasión, que es lo único que media entre ambos y nos recuerda a nuestros semejantes, es imposible que puedan subsistir. Da igual que sea simple humano orgullo, o que sea un orgullo inhumano; un orgullo ilegítimo sólo existe para quebrarse. Lo esencial es que el instinto no se comprenda a sí mismo. Habéis vendido vuestro derecho por un caótico plato de lentejas. Ni tenéis a David con vosotros, ni sabéis dónde brilla su estrella.

Por supuesto también creo que Leibovitz tenía toda la razón al pedir que la religión se mantuviera siempre y en cualquier caso completamente aparte del estado y las cuestiones de poder, lo que siempre ha sido más fácil de llevar a cabo en las naciones de la cristiandad, con una religión no legislativa, que en el judaísmo o el islam. Para poder concebir la dificultad que en estas dos religiones tuvo la separación de lo divino de lo político, pensemos por un momento si pidiéramos que la búsqueda de la verdad científica, toda la ciencia teórica fundamental, se mantuviera aparte del estado. O que la política económica de un país fuera completamente independiente de teorías económicas que sabemos son puramente ideológicas. En tales casos lo que observamos es una imposibilidad creciente de separación; y sin embargo pocas cosas serían más deseables. Si, la ciencia o la economía son cuestiones específicamente colectivas, pero eso no las inclina más a la verdad que a la falsedad.

El orgullo es lo primero, se dice; pero cada uno pone el orgullo en cosas diferentes, lo que basta para que se equivoque con él. Uno no puede evitar sentir profunda simpatía por un pueblo que a pesar de tener más de mil años de historia aún se debate por nacer. Algunos llaman a eso orgullo, pero el presentimiento del futuro, incluso en las peores condiciones, tal vez merezca un nombre diferente. Me estoy refiriendo a Rusia, que por cierto, también tiene las dosis adecuadas de conocimiento e inspiración para darle la vuelta a toda nuestra cosmovisión científica; aunque ahí, como en todas partes, sean los poderes políticos la mayor limitación. Orgullo legítimo podría sentir alguien por no comer carne ni participar en la matanza organizada de animales, pero, ¿orgullo de qué y frente a quién? Lo que menos separa al hombre es lo que más lo pone en pie y lo destaca.

Orgullo es lo que aún dicen tener muchos occidentales por nuestra dominación del mundo, que se ha basado no en ninguna superioridad moral sino en la explotación de una ventaja científica que fue siempre tecnológica. Pero justamente lo que a uno le parece más despreciable de Occidente es ese infatuado ventajismo que le impide ver qué ha hecho con la naturaleza y la verdad, y el científico, como no podía ser menos, suele ser el menos consciente de la reducción operada. Si los hombres de ciencia dieran un paso adelante y aprendieran a colaborar fuera de las estructuras de poder y los grandes presupuestos, todo los logros del pasado palidecerían y nos parecerían bolas de azúcar. Y por su puesto, a largo plazo, eso es lo que más habría que temer. La liberación de la naturaleza, y con ello me refiero a nuestra interpretación de ella, es una grandiosa y sagrada misión que no dejará de repercutir en todo lo humano de la forma más insospechada: si cambia lo suficiente nuestra idea de la relación entre lo reversible y lo irreversible también vuela en pedazos la mercantilización de las relaciones, el sujeto del tiempo y el tiempo de la sociedad. No se liberará el hombre mientras no se libre de la idea de dominar la naturaleza; y así se confirmará cabalmente que nada humano ha de durar eternamente.

Hoy todo es poco, todo se queda corto para curar la adicción a este tiempo pervertido del que parece imposible salir. Y sin embargo no hay que inventar nada, pues no hay enfermedad que no mejore con un poco de abstención, y no habría enfermedad más superficial que la ideología tecnológica si no formara un solo cuerpo con la voluntad de poder. Hay en ella dos extremos: los que ejercen esa voluntad hasta la empuñadura, y los que son empuñados y sustraídos de su propia voluntad. Y también se da, naturalmente, todo un tráfico de datos e interacciones entremedio. Y ya que las asimetrías también deberían servir de algo a los dominados, habrá que decir que la adicción a nivel de usuario es mucho más leve que la adicción del productor de adicción.

Ciertamente desconectar es un lujo que no todos se pueden permitir y que ahora se vende como otra desintoxicación más en boga. Empero conviene no banalizar el alcance que puede tener la verdadera abstinencia en un mundo donde nada se hace por un lapso sostenido y cuando es de eso de lo que se trata. Un padre del desierto dijo hace muchos siglos que en los últimos tiempos una persona haría tantos méritos en un día como los que entonces requerían años o toda una vida. ¿Entendemos lo que esto quiere decir? No sabemos si a la humanidad le quedan diez o diez millones de años; lo que sí sabemos es que copiar un texto en un códice medieval llevaba años y hoy nos impacientamos si se atasca la impresora o una descarga lleva más de diez segundos. Tendría que ser evidente que en muchos procesos físicos y mentales el tiempo se ha comprimido miles de veces, mientras que otros siguen demandando la misma duración; como también que hay otros que en puridad no tienen que ver con proceso ni duración alguna, como las imágenes, que deben a eso mismo su poder de atracción y ocultamiento.

Si realmente queremos asistir a la descomposición de un todo por sí mismo, no hará falta entonces buscar ningún sujeto mineral específico, porque uno mismo, por más que sea un caso perdido, tiene todo lo necesario para asistir al más instructivo de los cursos. Lo único que tiene que hacer es llevar adelante esa abstinencia mental el tiempo suficiente y distanciarse de estímulos externos. Nuestros tiempos de reacción y realimentación son hoy tan parpadeantes y breves, que hasta el cese de nuestra absurda música de fondo por un instante al que prestemos atención hace que las cosas sean diferentes. Qué no sucedería entonces si persistiéramos un poco en ello. ¿Cuánto? No hay que preocuparse por el cuánto, basta quedarse con lo que hay en el tiempo vacío incluso con el infinito desierto del tedio. ¿Pero el tiempo vacío es tiempo?

El cambio no requiere mayorías. Hoy todos hablamos de lo común pero a esto que es lo más común e inarticulado le tenemos auténtico pánico, lo que ya es una excelente señal. No sólo el capitalista, el intelectual también preferiría una buena bomba atómica. Así pues, el mero instinto, más necesario que nunca, nos dice que aquí hay un camino de supervivencia adentrándose en la zona de penumbra —pero no de supervivencia para imaginarias alimañas darwinistas. No parece muy digno preguntar sobre qué es lo que sobrevive aquí; si ya hoy se nos dan tantas facilidades mejor sería averiguarlo uno mismo.

Si internet si hizo para sobrevivir al ataque nuclear, la abstinencia ha existido desde siempre incluso para que ahora sobrevivamos a internet. Las facilidades son engañosas, el mérito es real, lo gratuito lo único eficaz. El espíritu sopla donde quiere, pero suele querer donde se le deja. La abstinencia es una vía de transformación y conocimiento válida para todo tipo de creencias y falta de ellas con tal de que uno ponga su parte. La conectividad está llena de nudos, la trasparencia nos parece oscura porque no podemos concebir que los nudos se disuelvan.

El animal no come cuando enferma, y el hombre, el animal enfermo, es el único capaz de ayunar cuando no está mal. En nuestra mistificación científica de los orígenes, habría que suponer que hubo un largo periodo indeterminado en que en el hombre se han debilitado grandemente los instintos a cambio de que surja gradualmente la razón, pero nadie responde a la tremenda pregunta de cómo se las arregló para sobrevivir todo ese tiempo en una condición tan lamentable. La naturaleza es la circunstancia, y de la circunstancia sólo sondeamos lo poco que nos aprieta. Mucho antes de la lucha por la vida existió la alerta, o tal vez sería mejor decir que siempre estuvo en otro orden de cosas. Por supuesto, no tenemos ni idea de qué grados de escucha pudo haber alcanzado ese mítico hombre de los orígenes, ni hasta dónde se habría extendido su mirada.

Nuestro viejo materialista dice: «Todo es materia y movimiento; pero yo, ya coma cerdo o bacalao, ya lo riegue con vino o con ginebra, soy el mismo viejo zorro de siempre.» Todo está gobernado por las relaciones materiales y de producción menos uno mismo; la naturaleza está ahí fuera para darle forma, no puede estar dentro dándonos forma a nosotros. Es una curiosa forma de materialismo, y también una curiosa forma de liberalismo. A esta bestia parda podemos llamarla liberal-materialismo o materialismo liberal, poco importa, es la misma que nos ha traído tan lejos a todos y a cada uno de nosotros.

Si hemos de hacer caso a lo que sugieren algunos antiguos, parece que nuestros primeros padres, esos grandes ausentes de la Edad de Oro, por olvidarse hasta se olvidaron de morir. No se habrían extinguido sino que más bien se habrían ido fundiendo con el fondo hasta hacerse irreconocibles. Si cada época sueña a la siguiente y ellos se quedaron dormidos, han tenido tiempo de sobra para soñarnos a todos. Aun así preferimos soñar con el Antropoceno a despertar.

La última astucia del desesperado y fugitivo Benjamin fue tratar de fundir en un solo ser la receptividad de la espera mesiánica con la aspiración constructiva de las utopías. El mundo no estaría hecho de átomos, ni de historias, ni de transacciones con monedas, sino de mónadas, que como ya había visto Leibniz, son sólo un orden actualizado de fulguraciones. No sabemos si el idealismo ha quedado lejos o cerca, pero no podemos ignorar la evidencia de que todo en nuestro presente es puro proceso de actualización. O dejamos que el mundo nos actualice a nosotros, o elegimos que sea lo que se sustrae a su corriente lo que tenga la palabra.

Lo que pareció el colmo de lo inactual está condenado a tener cada vez más actualidad; esa necesidad de romper las costuras del tiempo por ambos costados para que la serpiente cambie de piel reclama más y más sus derechos en las esferas prácticas de la política y el dinero, y lo hará probablemente en la ciencia, las tecnologías y el entero dominio de nuestra expresión, pues nunca faltamos a la necesidad de identificar fuera lo que ya estamos sintiendo dentro. El ser moral del hombre requiere de su intelecto, su imaginación y su acción, y si aspiráramos a algún cambio en profundidad reconoceríamos nuestra impotencia a la hora de coordinarlos con más provecho que daño. Este reconocimiento es también nuestra máxima fortaleza y nuestra más grande libertad. Uncir esas cosas a nuestra voluntad es importante y necesario, pero desuncir nuestra voluntad de ellas es más importante todavía: lo que queremos unir lo separamos, pero lo que no separamos no hace falta reunirlo de ninguna manera.

En vano se habla de las contradicciones del capitalismo y el mundo moderno si no se comprende que tales contradicciones están encarnadas en cada uno de nosotros independientemente de nuestra convicción. Como no ha dejado de decirse, no es lo que te han hecho, sino lo que haces con lo que te han hecho, lo que importa. La trasparencia se sacrifica en su ideal; para poder aspirar al tiempo soberano, desocupado y sin dirección hemos de sacrificar debidamente a los dioses de las seis direcciones.

Referencias

Gilad Atzmon, *Los británicos y el holocausto*

Bruce Bogoshian, (2014): *Kinetics of wealth and the Pareto Law*

Michael Rothschild, (1990): *Bionomics: Economy as Business Ecosystem*

Michael Hudson, (2011): *How economic theory came to ignore the role of debt*

Chris Hamilton, (2019): *Why This Time is Completely, Utterly, Totally Different*

Charles Hugh Smith, *Pathfinding our Destiny: Preventing the Final Fall of Our Democratic Republic*

Alejandro Nadal (2018): *¿Hacia una economía sin dinero? No tan rápido*

Alejandro Nadal (2016): *Reforma monetaria: herejes contra excéntricos*

Miguel Ángel Fernández Ordóñez (2018): *El futuro de la banca: dinero seguro y desregulación del sistema financiero https://www.fundacionareces.es/recursos/doc/portal/2018/08/09/el-futuro-de-la-banca.pdf*

Alfredo Apilánez (2017): *La ciencia aberrante*

Esteban Hernández (2018): *El tiempo pervertido*

Evgeny Morozov, *Socialize the data centres!*

Josef Huber, *Sovereign Money https://sovereignmoney.eu*

Jaromir Benes, Michael Kumhof (2012); *The Chicago Plan revisited*

Kaoru Yamaguchi (2019); *Money and macroeconomics dynamics —Accounting System Dynamics Approach*

Assis, A. K. T (2004); *The Principle of Physical Proportions*

N. Mazilu, M. Agop, (2018); *The Mathematical Principles of the Scale Relativity Physics — I. History and Physics*

Alain Badiou, (1989); *Conferencia sobre* El ser y el acontecimiento *y el* Manifiesto por la filosofía

Geidar Dzhemal, *El legado de Kirillov*

Walter Benjamin, *Sobre el concepto de historia*

Jean Gebser, *Origen y presente*